Deutsch Jetzt!

Rosi McNab

1

Heinemann Educational Books

Produced by AMR for Heinemann Educational Books

Heinemann Educational Books Ltd
22 Bedford Square, London WC1B 3HH
LONDON EDINBURGH MELBOURNE AUCKLAND
SINGAPORE KUALA LUMPUR NEW DELHI
IBADAN NAIROBI JOHANNESBURG PORTSMOUTH (NH)
KINGSTON

British Library Cataloguing in Publication Data

Deutsch jetzt!
  Stage 1
  Pupil's book
  1. German language–Text-books for
  foreign speakers–English
  I. McNab, Rosi
  438   PF3112

  ISBN 0-435-38538-0

Designed and typeset by The Pen and Ink Book Company Ltd
Illustrated by Claire Smith
Printed in Great Britain by Thomson Litho Ltd,
East Kilbride, Scotland

Acknowledgements

The author wishes to express her gratitude to the following for their help in the making of this course: the children of class 7a of the Wilhelm-Busch Realschule in Schwerte and their teacher Frau Hofmann; the Taraks family and friends, also of Schwerte; Tonstudio Burghardt & Sohn of Geisecke/Schwerte; and Herr Hans H. Stein of Video-Film Produktion Stein, Dortmund.

Photograph acknowledgements

The photographs are reproduced by kind permission of the following: Alpenhotel Tuxerhof (p. 31), Austrian National Tourist Office (p. 54), German Food Centre and Naomi Laredo (pp. 73, 74, 81 *im Geschäft*), Ursula Hofmann (p. 10), Ursula Hofmann and Rosi McNab (pp. 82, 83), Naomi Laredo (p. 34), Yugoslav National Tourist Office (p. 54), Rosi McNab (remaining pages).

Contents

Hallo!

In this book you are going to meet a group of German school children who are going to tell you something about themselves, their families and life in the town in Germany where they live.

Thorsten, Miriam and all the others are in class 7a at the Wilhelm-Busch Realschule in Schwerte, near Dortmund.

The class is called '7' because they are in their seventh year of school. Children start school when they are six in Germany, though many attend nursery school or play groups before that. The first four years are spent in a 'Grundschule' or junior school and then they move to a secondary school, so the pupils in class 7 are in their third year at secondary school.

Which class would you be in if you went to school in Germany?

Although their school is a new secondary school, it is still very different from most English schools – but the children in it are not very different, are they?

Which one in the class is most like you?

Which one do you think will have the same sort of interests as you?

Write down his or her name and see if you change your mind when you know some more about the class.

André Koch, Lothar Gröschel, Markus Taprogge, Andree Brauckhoff, Alexander Grigo, Marcus Schulte, Knut Dellmann, André Schmidt, Jan Rehage, Thorsten Zimmer, Petra Habermann, Joachim Schmidt;
Andrea Ohlenforst, Marion Krüger, Annette Preuss, Marc Brockstieger, Martin Finkhaus, Andrea Sievers, Andrea Hentschel, Sascha Steinweger;
Frau Hofmann, Natascha Löwenstein, Iris Vöckel, Anita Tischer, Timm Lindert, Eva Niederquell, Stefanie Ludorf, Miriam Grünsch;
Natalie Lange, Matthias Bachtenkirch, Michael Bartsch, Tanja Gref.

Can you make a list of girls' names and boys' names? And a list of surnames?

Jungennamen	Mädchennamen	Nachnamen
André	Anita	Koch

Do you know any more German boys' and girls' names to add to the list?
Siehe Seite 2 in deinem Arbeitsbuch an.
See page 2 in your workbook. 2

Was weißt du?

What do you know?

Wo wohnen wir?
Where do we live?

Wo ist Deutschland?
Where is Germany?

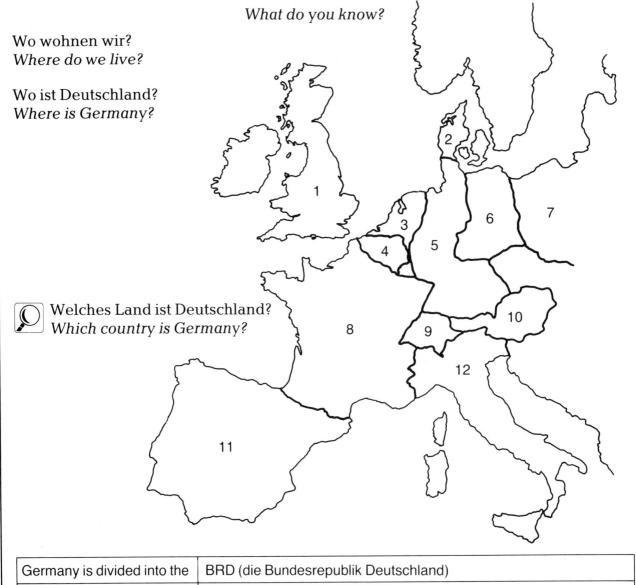

Welches Land ist Deutschland?
Which country is Germany?

Germany is divided into the	BRD (die Bundesrepublik Deutschland)
and the	DDR (die Deutsche Demokratische Republik)

Do you know what we call them in English?

Here are the names of the other countries, in German.
Can you tell which is which?

Großbritannien	Österreich
Frankreich	Italien
Holland	Schweiz
Belgien	Spanien
Dänemark	Polen

In which countries do they speak German?
Which language do you think is spoken by most people in Europe
as their first language?
Which language do you think is the second most used language
in Europe?
Siehe Seite 2 in deinem Arbeitsbuch an.
See page 2 in your workbook.

Wir lernen uns kennen!

Getting to know you!

In this unit we are going to tell you something about ourselves and our pets. At the end of the unit you will be ready to record a cassette about yourself for a pen friend.

You haven't got one? Ask your teacher for some addresses to write to for a pen friend in a German speaking country.

 Wir stellen uns vor.

die Schule

Wir sind die Klasse 7a der Wilhelm-Busch Realschule in Schwerte.
Ich heiße Timm. Ich bin in der Mitte.
Meine Freundin Natalie ist links vorne.
Unsere Lehrerin heißt Frau Hofmann.

Höraufgabe: Wie heißen wir mit Vor- und Nachnamen?
Siehe Arbeitsbuch Seite 3. ⟿ ③

i
Ich heiße	– *I am called*
Ich bin	– *I am*
Mein Name lautet	⎫
Mein Name ist	⎭ – *My name is*

Wir stellen uns vor

Introducing ourselves

 Wer spricht?
Who is speaking?

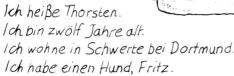

Ich heiße Thorsten.
Ich bin zwölf Jahre alt.
Ich wohne in Schwerte bei Dortmund.
Ich habe einen Hund, Fritz.

Ich heiße Miriam.
Ich bin elf Jahre alt.
Ich wohne in Ergste, einem Ortsteil
von Schwerte.
Ich habe eine Katze, Niko.

Mein Name ist Anita.
Ich bin dreizehn Jahre alt.
Ich wohne in Villigst und
habe auch einen Hund, Maxi.

Mein Name ist André.
Ich bin zwölf Jahre alt.
Ich wohne in Schwerte und
ich habe auch einen Hund, einen Dackel.

 What do they tell you about themselves?
How old are they?
Where do they live?
What else do you think they tell you?

Jetzt bist du dran.
Now it's your turn.

Can you tell them about yourself?
Thorsten asks you these questions.
What do you think they mean?

Wie heißt du?

Wie alt bist du?

Wo wohnst du?

Hast du einen Hund?

 Can you answer them?
Work with a partner.
Take turns in asking and
answering.

i   Ja – *yes*
Nein – *no*

Kannst du Thorstens Fragen beantworten?
Siehe Arbeitsbuch Seite 3. ⎯ 🚗 3

Markus stellt sich vor

Markus introduces himself and his family

Hallo! Ich heiße Markus.
Ich bin dreizehn Jahre alt.
Ich wohne in Dortmund.
Mein Vater heißt Johann,
meine Mutter Inge,
mein Bruder Stefan
und meine Schwester Ute.
Und der Hund?
Er heißt Bruno!

Was weißt du?
What do you know?

Can you find the name of:

his father
his mother
his brother
his sister
and his dog?

Und jetzt Natalie und ihre Familie!
And now Natalie!

Tag! Ich heiße Natalie.
Ich bin zwölf Jahre alt.
Mein Bruder heißt Wolfgang
und meine Schwester Angelika.
Meine Katze heißt Mäusi.
Wir wohnen in Geisecke,
einem Ortsteil von Schwerte.

How old is she?
Who is Wolfgang?
Who is Mäusi?
Who is Angelika?
Where do they live?

How good a detective are you?
Can you find the German for these words?

Wie sagt man auf deutsch . . .?
What is the German for . . .?

| father | brother | dog |
| mother | sister | cat |

Look at the first letter of all the words you have found.
What do you notice?
They all begin with a _____ _____.

Kannst du die Bilder beschriften?
Kannst du die Wörter richtig schreiben?
Siehe Arbeitsbuch Seite 4.

4

Wer spricht?

Who is speaking?

 Marc, Anita and Knut tell you about their families.
Can you recognise who is speaking from the photographs?

1

2

3

Wortspiel
Welche Wörter kannst du bilden?

1 U R B E R D   4 W R E S T E S H C

2 T R A V E   5 Z E A K T

3 N H D U   6 T U M T E R

Hast du Geschwister?

Have you got any brothers and sisters?

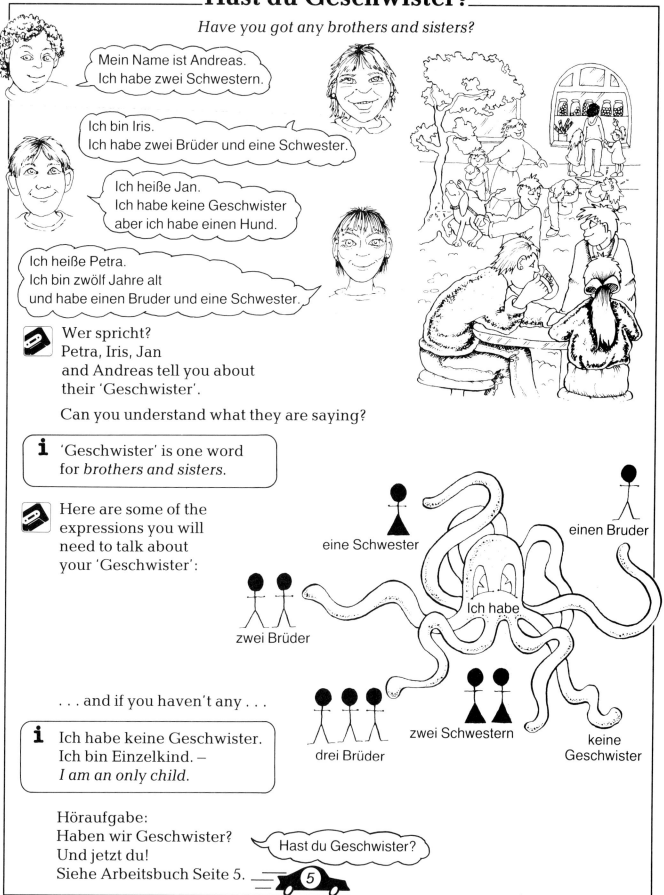

Mein Name ist Andreas.
Ich habe zwei Schwestern.

Ich bin Iris.
Ich habe zwei Brüder und eine Schwester.

Ich heiße Jan.
Ich habe keine Geschwister
aber ich habe einen Hund.

Ich heiße Petra.
Ich bin zwölf Jahre alt
und habe einen Bruder und eine Schwester.

Wer spricht?
Petra, Iris, Jan
and Andreas tell you about
their 'Geschwister'.

Can you understand what they are saying?

i 'Geschwister' is one word
for *brothers and sisters*.

Here are some of the
expressions you will
need to talk about
your 'Geschwister':

eine Schwester

einen Bruder

zwei Brüder

Ich habe

zwei Schwestern

. . . and if you haven't any . . .

i Ich habe keine Geschwister.
Ich bin Einzelkind. –
I am an only child.

drei Brüder

keine
Geschwister

Höraufgabe:
Haben wir Geschwister?
Und jetzt du!
Siehe Arbeitsbuch Seite 5.

Hast du Geschwister?

5

11

Mach eine Umfrage

Do a survey

Wieviele Geschwister haben die Jungen und Mädchen in deiner Klasse?
Wer hat keine Geschwister?
Mach eine Umfrage.
Siehe Arbeitsbuch Seite 5.

Hier sind die Ergebnisse unserer Umfrage in Klasse 7b, unserer Nachbarklasse.

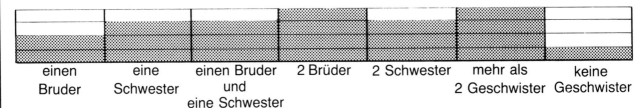

einen	eine	einen Bruder	2 Brüder	2 Schwester	mehr als	keine
Bruder	Schwester	und			2 Geschwister	Geschwister
		eine Schwester				

 Put yourself in the place of these people. What would you say?

 Wer spricht?
Can you match the
pictures with the
speakers?

Michael, Lothar, Tanja,
Annette und Marion
beschreiben ihre
Familienfotos.

Unsere Haustiere

Our pets

Pets are very popular in Germany.
We even have special pet lovers' magazines.

 Hast du ein Haustier?
Can you match the people with the
animals?

Marc   Marion   Michael   Andrea   Natascha   Annette   Tanja

 ein Kaninchen

Fische

einen Hund, einen Pudel

 eine Maus

zwei Katzen
und zwei Vögel

einen Hund

zwei Schildkröten

Wem gehören die Tiere?
Who do they belong to?

Ich bin Natalie.
Ich habe eine
getigerte Katze.

Ich habe einen
Dackel. Petra.

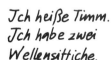

Ich heiße Timm.
Ich habe zwei
Wellensittiche.

Ich habe einen
Papagei. Eva.

Kannst du die Bilder beschriften bzw.
zeichnen?
Wer in deiner Klasse hat . . . .?
Siehe Arbeitsbuch Seite 6.

Ich habe einen Hund, einen Schäferhund.
Lothar.

Unit 1
Hast du ein Haustier?

Have you got a pet?

Eins, oder mehrere?
One, or several?

die Zahlen

eins	1
zwei	2
drei	3
vier	4
fünf	5
sechs	6
sieben	7
acht	8
neun	9
zehn	10

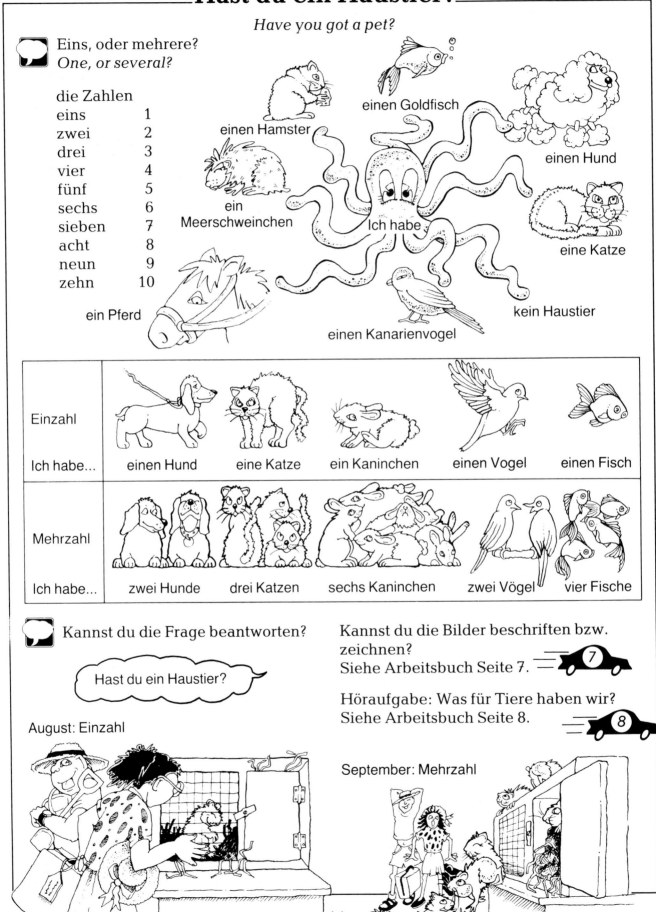

einen Hamster

einen Goldfisch

einen Hund

ein Meerschweinchen

Ich habe

eine Katze

ein Pferd

kein Haustier

einen Kanarienvogel

Einzahl					
Ich habe...	einen Hund	eine Katze	ein Kaninchen	einen Vogel	einen Fisch
Mehrzahl					
Ich habe...	zwei Hunde	drei Katzen	sechs Kaninchen	zwei Vögel	vier Fische

Kannst du die Frage beantworten?

Hast du ein Haustier?

August: Einzahl

Kannst du die Bilder beschriften bzw. zeichnen?
Siehe Arbeitsbuch Seite 7. 7

Höraufgabe: Was für Tiere haben wir?
Siehe Arbeitsbuch Seite 8. 8

September: Mehrzahl

Was für Tiere haben wir?

What kinds of animals have we got?

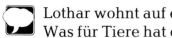 Lothar wohnt auf einem Bauernhof.
Was für Tiere hat er?

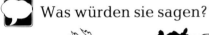 Was würden sie sagen?

Wir haben eine Umfrage in unserer Nachbarklasse 7b gemacht!
Hier sind die Ergebnisse unserer Umfrage.

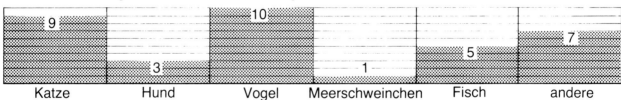

Katze	Hund	Vogel	Meerschweinchen	Fisch	andere
9	3	10	1	5	7

 Welches Tier haben die meisten Schüler in 7b?
Und in unserer Klasse, 7a?

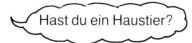 Hast du ein Haustier?

Könnt ihr eine Umfrage machen?
Siehe Arbeitsbuch Seite 8.

Was für ein Tier haben sie?
Wieviele und welche Tiere kannst
du finden?
Siehe Arbeitsbuch Seite 9.

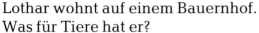

Ein Interview

 Kannst du ein Interview aufnehmen?
Can you record an interview?

First decide what questions you are going to ask
and how you would answer them.
Übe mit einem Mitschüler.
Practise with a partner.

When you think you are ready,
practise asking the questions in a
different order.

Guten Tag!

Wie heißt du?

Wie alt bist du?

Wo wohnst du?

Hast du ein Haustier?

Hast du Geschwister?

Kannst du die Sprechblasen ausfüllen?
Siehe Arbeitsbuch Seite 10.

Hier ist ein Formular, das Thorsten ausgefüllt hat.

Name ..... *Thorsten Fischer* .....

Schule *Wilhelm-Busch Realschule*

Klasse *7a* .....

Alter *12* .....

Wohnort *Schwerte* .....

Geschwister *1 Br 2 Schw* .....

Haustier *Hund* .....

Name ..... *Heidi Meyer* .....

Schule ..... *Konrad-Adenauer Gymnasium*

Klasse ..... *7c* .....

Alter ..... *13* .....

Wohnort ..... *München* .....

Geschwister ..... *1 Schwester* .....

Haustier ..... *Katze* .....

 Was weißt du über Thorsten?
Wie heißt er mit Nachnamen?
Wie heißt seine Schule?
Wie alt ist er?
Wo wohnt er?
usw.

Was weißt du über Heidi?
Wie heißt sie mit Nachnamen?
Wie heißt ihre Schule?
Wie alt ist sie?
Wo wohnt sie?

Kannst du ein Formular ausfüllen:

1 für dich?
2 für deinen Freund bzw. deine Freundin?

Siehe Arbeitsbuch Seite 10.

Wie sehe ich aus?

What do I look like?

In this unit we are going to tell you what we look like.
By the end of the unit you will be able to write a letter in
German telling us something about yourself and your
family.

 Wer spricht und was
sagen wir?
*What are we saying
about ourselves?*

*Ich bin sehr groß und ziemlich
schlank.
Ich habe braunes Haar und
blaugrüne Augen.*

*Ich habe kurze, blonde Haare
und braune Augen.
Ich bin ziemlich klein und
schlank.*

*Ich bin ziemlich klein.
Ich habe blonde Haare und
blaue Augen.*

*Ich bin groß und ziemlich stabil.
Meine Haare sind blond und
meine Augen sind blau.*

*Ich bin groß und ziemlich
schlank.
Ich habe blonde Locken
und grüne Augen.*

i ziemlich – *rather*
sehr – *very*

 Wie sagt man auf
deutsch . . .?

small   tall/big   thin   fat   well built   eyes   hair

 Wie siehst du aus?

 Jetzt bist du dran!
Kannst du dich beschreiben?

Wie sehen sie aus?
Kannst du die Bilder richtig anmalen?
Siehe Arbeitsbuch Seite 11.

11

Wie siehst du aus?

What do you look like?

 Can you tell what we are saying?

Ich habe lange blonde Haare und blaue Augen.

Meine Haare sind kurz und braun und ich habe braune Augen.

Ich habe lange dunkelbraune Haare und braune Augen.

Ich habe grüne Augen und kurze, lockige Haare.

Ich habe kurze braune Haare und graue Augen. Ich trage eine Brille.

Ich habe rotblonde Haare. Im Sommer habe ich viele Sommersprossen.

Mein Haar ist schwarz und meine Augen sind dunkelbraun.

 Wer spricht? Was werden sie vielleicht sagen? Jetzt hör zu.

Andree

Markus

Alexander

Lothar

Andrea

Iris

Natascha

 . . . und du?

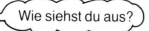
Wie siehst du aus?

i Ich trage eine Brille.
– *I wear glasses.*

Thorsten beschreibt seine Familie

Thorsten describes his family

Was weißt du?
Who is Mäusi?
Who is Andreas?
Can you find the names of Thorsten's:

dog
mother
brother
father
sister?

What else do you know about them?

---

i mein Freund
– *my friend (boy)*
meine Freundin
– *my friend (girl)*

Vater   meine

Mutter   mein

Schwester   Hund

Bruder   Katze

Mein Freund Andreas.
Er hat lange dunkle Haare
und braune Augen.
Er ist sehr groß und schlank.
Er spielt Gitarre und Fußball.
Er hört gern Country and
Western Musik.

Mein Vater Ralf.
Er ist ziemlich groß.
Sein Haar ist rotblond
und er hat blaue Augen.
Er ist Polizist.

Meine Mutter, Anja.
Sie arbeitet in einer Bank.
Ihr Haar ist braun und lockig
und sie hat blaue Augen.

Mein Bruder heißt Norbert.
Er trägt eine Brille.
Unser Hund heißt Greif.
Er ist ein Schäferhund.
Er ist groß und alt.

Meine Schwester Erika ist erst
vier Jahre alt.
Sie ist noch ein Baby!
Die Katze heißt Mäusi.

 Wie sagt man auf deutsch?

my mother   my dog

my father   my cat   my sister   my brother

Kannst du die Wörter in die richtige
Spalte aufschreiben?
Wer in deiner Klasse ist . . .?
Siehe Arbeitsbuch Seite 12.

Can you work out a rule?

This is more difficult: can you find
the words for 'he' and 'she'?

. . . and the words for 'his' and 'her'?

Höraufgabe: Wie sehen wir aus?
Siehe Arbeitsbuch Seite 12.

Annettes Familie

Annette's family

 What does she tell you about the picture?

Here are some of the
new words she uses:

> i häßlich – *ugly*
> lieb   – *sweet*
> ganz   – *quite*
> mollig – *plump/cosy*
> usw.   – *etc.*

Hier ist ein Bild von meiner
Familie.
Mein Vater ist ziemlich groß
und trägt eine Brille.
Meine Mutter ist ziemlich
klein und mollig.
Meine Schwester Anja hat
Sommersprossen.
Sie ist häßlich.
Ich habe auch einen Bruder,
Stefan. Er ist klein und dick.
Das Baby ist ganz lieb.
Ich bin nicht auf dem Bild.

Was schreibt Annette über
ihre Familie?
Siehe Arbeitsbuch Seite 13. — 13

Marion hat ihre Familie beschrieben,
aber die Wörter sind alle
durcheinander.
Wie sehen sie aus?

Mein Vater ist

Meine Katze ist

Mein Bruder ist

sehr klein

dick und groß   ziemlich groß

Meine Mutter ist   und trägt

klein und schlank.

eine Brille

Jetzt bist du dran!

Hast du ein Foto von deiner Familie oder
kannst du eine Bild zeichnen?
Kannst du deine Familie beschreiben?

 Memorykontrolle
Kannst du dich immer noch
beschreiben?

Bist du groß oder klein, stabil oder schlank?

Welche Augen- und Haarfarbe hast du?

Hast du Geschwister?   Hast du ein Haustier?

Siehe Arbeitsbuch Seite 13. — 13

Ein Brief von Natascha

A letter from Natascha

Where does Natascha live?
On what date is she writing?

How old is she?
What does she tell you about herself?

Has she any brothers and sisters?

What does she tell you about her parents?

Make a list of the questions she asks you.

Dortmund, den 18 Oktober.

Lieber Peter!

Ich heiße Natascha und ich bin zwölf Jahre alt. Ich bin relativ groß und ziemlich schlank. Ich habe lange braune Haare und braune Augen. Mein Vater ist groß und schlank und meine Mutter ist klein.

Ich habe einen Bruder, Michael. Er ist groß und häßlich. Er ist siebzehn Jahre alt. Er ist Automechaniker. Ich habe auch eine achtjährige Schwester, Daniela.

Mein Vater ist Ingenieur und meine Mutter ist Bankangestellte.

Wir haben auch zwei Kanarienvögel.

Wo wohnst Du?
Hast Du Geschwister?
Hast Du ein Haustier?
Wie siehst Du aus? Bist Du groß oder klein?

Ich lege ein Foto von mir bei.
Schreib bald wieder.

Mit freundlichen Grüßen,
Natascha.

Nützliche Redewendungen

i Ich lege ein Foto bei.
– *I enclose a photo.*
Schreib bald wieder.
– *Write again soon.*

Wer ist es?
Write a description of yourself (in German).
Ask your teacher to collect them in and read them out.
See how many people you can recognise.

21

Ein Brief von Peter

A letter from Peter

 Here is a reply from
Peter, an English boy.

Look at it carefully.
You are going to write
one like it, or better!

Start with the name of
your town and the
date.

York, den 15 November.

Liebe Natascha!

*Ich heiße Peter. Ich bin zwölf Jahre alt.
Ich wohne in York, in Nordengland.*

*Ich bin groß und ziemlich schlank.
Ich habe lange braune Haare und blaue Augen.*

Ich habe zwei Brüder und eine Schwester.

*Ich habe einen Hund, Sherry, und eine Katze,
Garfield. Die Katze ist sehr dick und getigert.*

Ich lege ein Foto von mir bei.

Tschüß

Peter.

Die Monate

Januar
Februar
März
April
Mai
Juni
August
September
Oktober
November
Dezember

i Writing to a boy:
Lieber Jens!

Writing to a girl:
Liebe Natascha!

'Tschüß', also spelt
'Tschüs', means *'bye.*

Wo wohnst du?

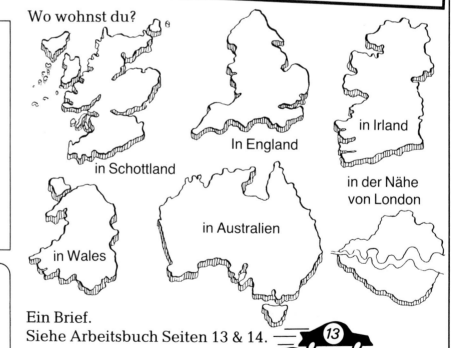

in Schottland

In England

in Irland

in der Nähe
von London

in Australien

in Wales

Ein Brief.
Siehe Arbeitsbuch Seiten 13 & 14.

Jetzt bist du dran!

Schreib einen Brief an Natascha oder an
deine Brieffreundin bzw. deinen Brieffreund.

Brieffreunde

Pen friends

 These German children wanted pen friends.
Unfortunately what they wrote about themselves got torn
up by mistake.

 Can you work out which pieces belong together and
write out what they said originally?

Vorname und Müller
Ich habe keine Geschwister,
nd. Ich wohne mit meinem
r Mutter in Ergste.
he von 2..

Ich bin vierzehn
habe einen Hund
Meine Hobbys sind
Musik hören. Ich
Country and Weste

Ich heiße Susann
bin dreizehn Jahre
Bruder, er ist ach
Karsten. Meine H
tennis und Sch
haben zu H...

Mein Name ist Mar.
Keine Geschwister
alt, außerdem nahe
Er heißt Grobi.
und ist ein Dack

: Hänsi -
r alt. Sein Kat;
Kinderzimmer.
r Hulscherdestraße.

Dortmund-Brakel.
ich wohne steht in
e Hobbys sind lesen,
t schwimmen.

- ocnwerte.
n Jahre alt. Ich
und acht Vögel.
, schwimmen und
, höre gern
m.

k Rabe. Ich habe
: Ich bin 12 Jahre
, ich einen Hund.
Er ist 4 Jahre alt
el. Ich wohne mit

sillich, er heißt
ungefähr 1 Jah
steht in meinem
Wir wohnen in de

e Weingut und
. Ich habe einen
t und heißt
obbies sind Tisch -
vimmen. Wir
inen Wellen -
und ist
"0...

Ich heiße Dirk mit
mit Nachname. Ic
ich bin Einzelki
Vater und meine
Das ist in der Nä

meinen eltern in :
Das Haus in dem 2
Meckinckweg. mein.
Fußball spielen und

 They tell you something about their hobbies.
Can you work out what they say?

 Did you notice the two mistakes in what they wrote?
Can you put them right?

 Wie heißen wir?

1 cram	4 naetent	7 tunk
2 arpet	5 mahlice	8 snej
3 tinaa	6 dearan	9 taaline

Wortspiele

Wordgames

🗨 Wer hat was?

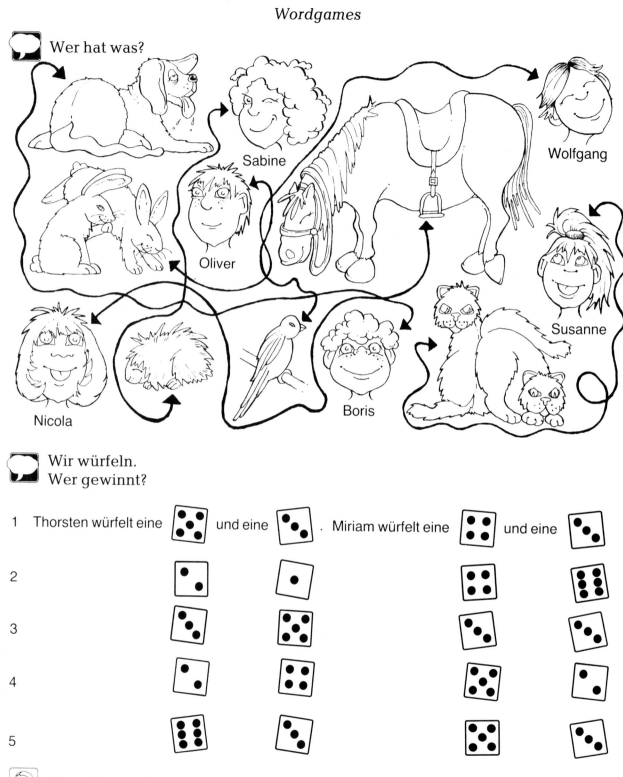

Sabine

Wolfgang

Oliver

Susanne

Nicola

Boris

🗨 Wir würfeln.
Wer gewinnt?

1 Thorsten würfelt eine ⚃ und eine ⚂ . Miriam würfelt eine ⚃ und eine ⚂

2 ⚁ ⚀ ⚃ ⚅

3 ⚄ ⚄ ⚃ ⚃

4 ⚁ ⚃ ⚄ ⚁

5 ⚅ ⚂ ⚄ ⚄

⚽ Könnt ihr würfeln?

Thorsten und Miriam würfeln.
Andreas beschreibt seine Familie.
Siehe Arbeitsbuch Seiten 14 & 15.

Who is it?

Beispiel
Example

Jungennamen	Mädchennamen
Konrad	Sandra
Johannes	Cornelia
Dirk	Corinna

Partner A

Wie sieht Konrad aus?

Sie hat blonde Haare.

Lange Haare.
Wie sieht Corinna aus?

Er trägt eine Brille.

Partner B

Er hat lange Haare.
Wie sieht Sandra aus?

Hat sie lange oder kurze Haare?

Sie hat rotblonde Haare und Sommersprossen.
Wie sieht Dirk aus?

 Und jetzt du!
Wie sieht Johannes aus? Er . . .   Wie sieht Cornelia aus? Sie . . .

Your teacher will give you a page with twelve pictures of German schoolchildren.
Six of them are named. Your partner has a page with the other six named.
You have to find out from your partner what they are all called.
The pictures are not in the same order!

Suchspiel
Siehe Arbeitsbuch Seite 15.

Begrüßen und verabschieden

Saying hello and goodbye

In this unit we are going to tell you how to say hello and goodbye, to ask how someone is, to say when your birthday is and to spell your own name. We will also tell you something about special days in Germany and how to say what the weather is like. When you have finished this unit you will be ready to record an interview. There is also a mini test for you to check your progress.

Guten Tag, Frau Braun! Wie geht es Ihnen?

Guten Tag, Jochen! Es geht mir gut, danke, und dir?

Auf Wiedersehen, Jochen.

Auch gut, danke. Auf Wiedersehen, Frau Braun.

What do you notice?
How does Jochen ask Frau Braun how she is?

Hallo, Silke! Wie geht's?

Tag, Carsten! Gut, danke, und dir?

Auch gut, danke. Tschüß!

Tschüß!

. . . and how does Carsten ask Brigitte?

Can you find two ways of saying goodbye?

Übe die Dialoge mit einem Mitschüler.

Begrüßen und verabschieden
Siehe Arbeitsbuch Seite 16.

Wie geht es dir?

How are you?

 Asking how someone is:

Guten Tag, Frau Braun!
Wie geht es Ihnen, Frau Braun?
Es geht mir gut, danke.

Tag, Silke!
Wie geht es dir, Silke?
Gut, danke.

Hallo, Carsten!
Wie geht's?
Gut, danke.

> **i** Gut, danke.
> – *Well, thank you.*

Hier kommt Herr Braun.
Was sagst du?
Now here comes Herr Braun.
Which phrase are you going
to use?

Guten Tag.
Gut danke, und dir?

Auf Wiedersehen.

Und hier kommt Carsten.
Was sagst du?

Tag!
Gut danke, und dir?

 Übe die Dialoge mit einem Mitschüler.

Höraufgabe: Wer spricht mit wem?
Was sagst du?
Siehe Arbeitsbuch Seite 17.

Tschüß.

 What do you think these mean?

Guten Morgen!

Guten Tag!

Guten Abend!

Gute Nacht!

Which would you use?
Siehe Arbeitsbuch Seite 17.

Welchen Tag haben wir?

What day is it?

 When is your birthday?

 Wann hast du Geburtstag?

Barbara:	am fünften April
Monika:	am achtzehnten März
Jens:	am elften Dezember
Thomas:	am ersten August
Andrea:	am fünfzehnten Juli
Udo:	am neunzehnten Oktober
Richard:	am dritten Juni
Lars:	am einundzwanzigsten Mai
Ramona:	am zweiten Januar
Sandra:	am dreißigsten November

 Wer hat Geburtstag?

	Januar	Februar	März	April
Woche	1 2 3 4 5	5 6 7 8 9	9 10 11 12 13	13 14 15 16 17
Mo	3 10 17 24 31	7 14 21 28	7 14 21 28	4 11 18 25
Di	4 11 18 25	1 8 15 22	1 8 15 22 29	(5) 12 19 26
Mi	5 12 19 26	2 9 16 23	2 9 16 23 30	6 13 20 27
Do	6 13 20 27	3 10 17 24	3 10 17 24 31	7 14 21 28
Fr	7 14 21 28	4 11 18 25	4 11 (18) 25	1 8 15 22 29
Sa	1 8 15 22 29	5 12 19 26	5 12 19 26	2 9 16 23 30
So	(2) 9 16 23 30	6 13 20 27	6 13 20 27	3 10 17 24

	Mai	Juni	Juli	August
Woche	17 18 19 20 21 22	22 23 24 25 26	26 27 28 29 30	31 32 33 34 35
Mo	2 9 16 23 30	6 13 20 27	4 11 18 25	(1) 8 15 22 29
Di	3 10 17 24 31	7 14 21 28	5 12 19 26	2 9 16 23 30
Mi	4 11 18 25	1 8 15 22 29	6 13 20 27	3 10 17 24 31
Do	5 12 19 26	2 9 16 23 30	7 14 21 28	4 11 18 25
Fr	6 13 20 27	(3) 10 17 24	1 8 (15) 22 29	5 12 19 26
Sa	7 14 (21) 28	4 11 18 25	2 9 16 23 30	6 13 20 27
So	1 8 15 22 29	5 12 19 26	3 10 17 24 31	7 14 21 28

	September	Oktober	November	Dezember
Woche	35 36 37 38 39	39 40 41 42 43 44	44 45 46 47 48	48 49 50 51 52
Mo	5 12 19 26	3 10 17 24 31	7 14 21 28	5 12 19 26
Di	6 13 20 27	4 11 18 25	1 8 15 22 29	6 13 20 27
Mi	7 14 21 28	5 12 (19) 26	2 9 16 23 (30)	7 14 21 28
Do	1 8 15 22 29	6 13 20 27	3 10 17 24	1 8 15 22 29
Fr	2 9 16 23 30	7 14 21 28	4 11 18 25	2 9 16 23 30
Sa	3 10 17 24	1 8 15 22 29	5 12 19 26	3 10 17 24 31
So	4 11 18 25	2 9 16 23 30	6 13 20 27	4 (11) 18 25

 Can you still remember the numbers 1 to 12 in German? See page 10.

 Wann haben sie Geburtstag?

Uschi

Anna

Till

Thomas

Barbara

Wilfrid

die Zahlen

dreizehn	13
vierzehn	14
fünfzehn	15
sechzehn	16
siebzehn	17
achtzehn	18
neunzehn	19
zwanzig	20
einundzwanzig	21
zweiundzwanzig	22
dreiundzwanzig	23
vierundzwanzig	24
fünfundzwanzig	25
sechsundzwanzig	26
siebenundzwanzig	27
achtundzwanzig	28
neunundzwanzig	29
dreißig	30
einunddreißig	31

1 DIENSTAG JANUAR Neujahr

DIENSTAG FEBRUAR Fastnacht

26 SONNTAG MAI Pfingstsonntag

15 DONNERSTAG AUGUST Mariä Himmelfahrt

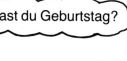 Wann hast du Geburtstag?

Wie schreibt man das?
Siehe Arbeitsbuch Seite 18.

Feiertage

Special days

 What days are they?
Siehe Arbeitsbuch Seite 19.

Sonntag, den siebten April
Dienstag, den einunddreißigsten Dezember
Donnerstag, den fünfzehnten August
Dienstag, den ersten Januar
Mittwoch, den fünfundzwanzigsten Dezember
Freitag, den sechsten Dezember
Sonntag, den sechsten Oktober
Dienstag, den neunzehnten Februar
Sonntag, den sechsundzwanzigsten Mai
Freitag, den fünften April

 Welchen Tag haben wir?

 Welcher Wochentag ist es?
Siehe den Kalender an.

1. 1.   19. 2.   5. 4.   26. 5.   7. 6.   15. 7.

11. 8.   3. 9.   30.10.   2.11.   25.12.   22. 3.

There are two words
for Saturday.
Most people say 'Samstag',
but in the North they
often use 'Sonnabend'
instead.

 Heute ist . . .
 — Today is . . .

	Januar	Februar	März	April
Woche	1 2 3 4 5	5 6 7 8 9	9 10 11 12 13	13 14 15 16 17
Mo	3 10 17 24 31	7 14 21 28	7 14 21 28	4 11 18 25
Di	4 11 18 25	1 8 15 22	1 8 15 22 29	5 12 19 26
Mi	5 12 19 26	2 9 16 23	2 9 16 23 30	6 13 20 27
Do	6 13 20 27	3 10 17 24	3 10 17 24 31	7 14 21 28
Fr	7 14 21 28	4 11 18 25	4 11 18 25	1 8 15 22 29
Sa	1 8 15 22 29	5 12 19 26	5 12 19 26	2 9 16 23 30
So	2 9 16 23 30	6 13 20 27	6 13 20 27	3 10 17 24

	Mai	Juni	Juli	August
Woche	17 18 19 20 21 22	22 23 24 25 26	26 27 28 29 30	31 32 33 34 35
Mo	2 9 16 23 30	6 13 20 27	4 11 18 25	1 8 15 22 29
Di	3 10 17 24 31	7 14 21 28	5 12 19 26	2 9 16 23 30
Mi	4 11 18 25	1 8 15 22 29	6 13 20 27	3 10 17 24 31
Do	5 12 19 26	2 9 16 23 30	7 14 21 28	4 11 18 25
Fr	6 13 20 27	3 10 17 24	1 8 15 22 29	5 12 19 26
Sa	7 14 21 28	4 11 18 25	2 9 16 23 30	6 13 20 27
So	1 8 15 22 29	5 12 19 26	3 10 17 24 31	7 14 21 28

	September	Oktober	November	Dezember
Woche	35 36 37 38 39	39 40 41 42 43 44	44 45 46 47 48	48 49 50 51 52
Mo	5 12 19 26	3 10 17 24 31	7 14 21 28	5 12 19 26
Di	6 13 20 27	4 11 18 25	1 8 15 22 29	6 13 20 27
Mi	7 14 21 28	5 12 19 26	2 9 16 23 30	7 14 21 28
Do	1 8 15 22 29	6 13 20 27	3 10 17 24	1 8 15 22 29
Fr	2 9 16 23 30	7 14 21 28	4 11 18 25	2 9 16 23 30
Sa	3 10 17 24	1 8 15 22 29	5 12 19 26	3 10 17 24 31
So	4 11 18 25	2 9 16 23 30	6 13 20 27	4 11 18 25

Fastnacht 15. Februar, Karfreitag 1. April, Ostern 3. und 4. April, Christi Himmelfahrt 12. Mai, Pfingsten 22. und 23. Mai, Fronleichnam 2. Juni, Bußtag 16. November

Wochentage

Montag
Dienstag
Mittwoch
Donnerstag
Freitag
Samstag (Sonnabend)
Sonntag

Höraufgabe: Wann haben wir Geburtstag?
Wann habt ihr Geburtstag?
Fülle den Kalender in deinem Arbeitsbuch aus! Siehe Seite 19.

Das Wetter

The weather

Oktober	
17 Mo	*Nebel*
18 Di	*Starker Wind, sehr kalt*
19 Mi	*Es schneit! 10 Zm Schnee*
20 Do	*ein Gewitter*
21 Fr	*sehr wolkig, kalt*
22 Sa	*Wärmer! Es regnet*
23 So	*Sonne!*

am Montag
es ist nebelig

am Dienstag
es ist windig

am Mittwoch
es schneit

am Donnerstag
es donnert und blitz
(ein Gewitter)

am Freitag
es ist wolkig

am Samstag
es regnet

am Sonntag
die Sonne scheint

Wie sagt man auf deutsch?
Can you work out how to say . . .?

It's snowing.
It's raining.
The sun is shining.
It's foggy.
It's windy.
It's cloudy.
It's stormy (*thunder & lightning*).

Wie war das Wetter eigentlich?
Richtig oder falsch?

Wie ist das Wetter am Dienstag?
am Donnerstag?
am Sonnabend?
am Sonntag?
am Mittwoch?
am Montag?
am Freitag?
. . . und heute?

Wie ist das Wetter heute?

Kannst du die Bilder beschriften?
Siehe Arbeitsbuch Seite 20.

20

Wie ist das Wetter?

What is the weather like?

Jans Cousine Silke hat Ferien.
Sie ist in den Alpen zum Skilaufen.

Aus Silkes Tagebuch:

Dezember		Mittwoch	Viel Regen – Skilaufen nicht möglich.
Sonntag	Wetter schön, kalt aber sonnig.	Donnerstag	Eiskalt, sehr glatt, und windig.
Montag	Viel Schnee – kalt.	Freitag	Schnee – kalt aber sonnig. Gut zum Skilaufen.
Dienstag	Viel Nebel – Sichtweite 15 Meter!	Samstag	Sonne.

Was weißt du?
Where is Silke?
What was the weather like each day?

Can you make up your own weather symbols for these phrases?

Es ist kalt.   Es schneit.   Es ist heiß.   Es ist schön.
Es friert.   Ein Gewitter.   Es regnet.   Es ist sonnig.
Es ist nebelig.   Es ist wolkig.   Es ist windig.

Silkes Tagebuch: Can you draw symbols in Silke's diary?
Wo war Lena?
Siehe Arbeitsbuch Seite 21.

Sauwetter!

Wie ist das Wetter in England?

What is the weather like in England?

A letter from Sonja

 What do you know?

What is wrong with
Sonja's mother?

Who is going to
England?

What does she ask?

What is the weather
like where she lives
in April?

What is the weather
like today and what
is her sister doing?

What is she looking
forward to?

Schwerte, 15. Dezember

Liebe Tanya!

Wie geht es Dir und Deiner Familie? Mir geht es gut aber meine Mutter hat sich erkältet.

In April fährt mein Bruder Carsten nach England. Er wird seinen Brieffreund besuchen. Sein Brieffreund heißt Paul und wohnt in Südengland in der Nähe von Hastings.

Wie ist das Wetter im April in England? Ist es kalt oder ist es warm? Regnet es viel? Gibt es noch ab und zu Schnee? Ist das Wetter in Hastings wie bei Euch?

Bei uns ist das Wetter im April sehr wechselhaft. Meistens ist es noch kalt, windig und es regnet viel aber ab und zu ist es warm und sonnig.

Heute ist es sehr kalt und wir haben auch Schneeschauer. Meine jüngere Schwester Natascha und ihre Freunde machen einen Schneemann im Garten.

Ich freue mich auf das schöne Wetter!

*Schreib bald wieder,
Tschüß,
Sonja*

  Can you write a reply to Sonja's letter?

Höraufgabe: Wie ist das Wetter heute in Deutschland?
. . . Und bei dir?

 Wie ist das Wetter heute?

Keep a weather diary for yourself for one week!
Which phrases would you need to describe the
weather where you live?

Siehe Arbeitsbuch Seite 22.

Wie schreibt man das?

How do you spell that?

 Das Alphabet

A B C D E F G

H I J K L M N O

P Q R S T U V W

X Y Z ß Ä Ö Ü

> Wie heißt du?

> Ich heiße Sascha.

> Wie schreibt man das?

> S A S C H A .

> Und wie heißt du mit Nachnamen?

> Brockstieger.

> Wie schreibt man das?

> B R O C K S T I E G E R .

 Und du?

> Wie heißt du mit Vornamen?

> Wie schreibt man das?

> Und mit Nachnamen?

> Wie buchstabierst du das?

 Wortspiele

Welchen Tag haben wir heute?
Kannst du die Buchstaben in
Ordnung bringen?

1 stingdae   2 gasmast
3 dragonnest   4 figtrea
5 witchtom   6 nogmat
7 gastonn

 Wie heißen wir? Welche Buchstaben
fehlen?

Kn■t Dellmann
Alex■nder Grigo
Loth■ Gröschel
■etra Habermann
Nat■lie Lange
Annet■ Preuss
■an Rehage
Andr■a Sievers

Das Alphabet
Siehe Arbeitsbuch Seite 23.

Wie heißen sie?

What are they called?

Höraufgabe: Wie heißen sie . . .?
. . . und woher kommen sie?
Siehe Arbeitsbuch Seite 23.

Berlin

Und jetzt ein Interview.

Höraufgabe: Kannst du die Formulare ausfüllen?
Siehe Arbeitsbuch Seite 23.

Hier sind die Fragen:

Guten Tag!
Wie heißt du?

Wie buchstabierst du das?

Wie alt bist du?

Wann hast du Geburtstag?

Woher kommst du?

Wie schreibst du das?

Hast du Geschwister?

Hast du ein Haustier?

Vielen Dank. Auf Wiedersehen!

Du bist dran! Übe mit einem Mitschüler.

Ein Interview

Kannst du die Sätze in Ordnung bringen?

Hast du ein Tier zu Hause?

Auf Wiedersehen.   In Dortmund.

Wie heißt du?

Vierzehn.

Einen Hund und einen Wellensittich.

Vielen Dank.

Es geht mir gut, danke.

Anke.

Wo wohnst du?

Einen Bruder und zwei Schwestern.

Guten Tag!

Wie alt bist du?   Wie geht es dir?

This boy is trying to register at a German Youth Hostel, but he seems to be having some problems.

Guten Tag! Wie heißt du?

Bruce. Bruce Smythe.

Alter?

Wie bitte?

Alter? Wie alt bist du?

Achtzehn.

Wohnort?

Perth.

Wie ist deine Anschrift?

Langsamer, bitte.

Anschrift? Adresse?

256, The Boulevard, Perth.

Nationalität?

Es tut mir leid. Ich verstehe nicht.

Woher kommst du? England?

Nein. Australien.

Ich spreche australisch – Fosters!

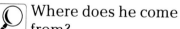

Where does he come from?

What else do you know about him?

Here are some of the phrases he uses:

Es tut mir leid.
Ich verstehe nicht.
Langsamer, bitte.
Wie bitte?

What do you think they mean?

Could you answer the Herbergsvater's questions?
Nationalität? Was würdest du sagen?

Kannst du das Formular ausfüllen, für dich und für Bruce?
Nützliche Redewendungen:
Was würden sie sagen?
Siehe Arbeitsbuch Seite 24.

Birgit ruft dich an
Birgit rings you up

 Ein Telefongespräch mit Birgit.
Kannst du Birgits
Fragen beantworten?

Hallo!

Wie heißt du?

Wie schreibt man das?

Wo wohnst du?

Wie alt bist du?

Wann hast du Geburtstag?

Hast du Geschwister?

Hast du ein Haustier?

Hier ist mein Bruder. Tschüß!

Birgit's brother wants to speak to you.

 Kannst du seine Fragen beantworten?

Hallo! Wie geht es dir?

Wie lange lernst du schon deutsch?

Hast du eine Freundin?

Spielst du gern Fußball?

Wann kommst du nach Deutschland?

Tschüß!

 Jetzt bist du dran!
Kannst du ein Interview aufnehmen?
Übe mit einem Mitschüler.

> **i** Ich weiß es nicht.
> – *I don't know.*

Ein Telefongespräch mit Birgit
Wortspiel
Wie sagt man auf deutsch?
Siehe Arbeitsbuch Seite 25.

25

Partnerarbeit 2 Spitznamen

Nicknames

Most of the children in class 7b like to be called by their 'Spitznamen' or nicknames. For instance, Katharina Neumann likes to be called Tina, but Katharina Schulz prefers to be called Kati.

What do these people like to be called?

Josef   Jupp
Petra   Pit

Partner A	Partner B

 Wie nennt man Petra?

      Pit.

 Wie schreibt man das?

      P I T.

 Wie nennt man Josef?

      Jupp.

 Wie schreibt man das?

      J U P P.

Und was sagt man zu Manfred?

      Tut mir leid. Ich weiß es nicht.

 Auf deutsch, bitte!
Working with a partner.
You have some of the information, your partner has the rest.
Your teacher will give you a worksheet with the names of eight children and their nicknames, and eight whose nicknames you have to find out.
Can you help each other?

Hast du einen Spitznamen?
Hat jemand in deiner Klasse einen Spitznamen?
Wie heißen sie?

 Im Zoo. Wie schreibt man das?
Die Selbstlaute fehlen.

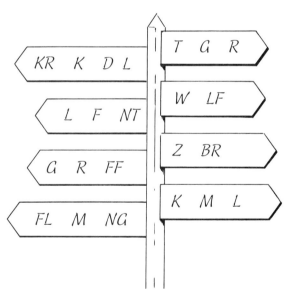

Wortspiele

Wordgames

 Kannst du Lars Brief lesen? Einige Buchstaben fehlen.

> L°eber Peter!
>
> Ich heiße Jens, ich° in drei°hn Jahre alt und wohne in D°rtmund.
> Ich habe einen Brud°r, Martin, und zwei Schwe°tern, Nicole und Elisabeth.
>
> Wir haben einen Hu°d, einen Pude° Maxi, und einen Vo°el, Hänsi.
>
> Mein V°ter ist klein und dick. Er trägt eine Br°lle. Er hat braunes H°°r
> und blaue °ugen.
>
> Meine Mutt°r ist gr°ß. Sie hat bl°ndes Haar und grüne Augen.
>
> Schreib bald wieder.
>
> Tschüß, Lars.

 When you can read it, try writing it
out, filling in the missing letters.

  Welche Buchstaben fehlen?

 Wieviele Fragen kannst du bilden?
Wie heißen sie auf englisch?

W wie Wolfgang
A wie Anton
U wie Ulrike

Hund am Telefon

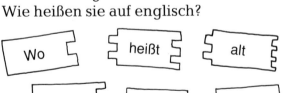

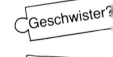
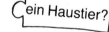

Wo | heißt | alt | du | bist | Geschwister?
Wie | Hast | wohnst | du? | du? | ein Haustier?

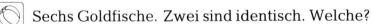 Sechs Goldfische. Zwei sind identisch. Welche?

A   B   C   D   E   F

Höraufgabe: Kai und Claudia spielen Schiffeversenken.
Wo haben sie ihre Schiffe?
Suchspiel
Siehe Arbeitsbuch Seite 26.

These tests are for you to check your progress and to help you to revise your work.

The test is in four parts:

Lesetest	*reading test*
Hörtest	*listening test*
Sprachtest	*speaking test*
Schreibtest	*writing test*

Here are two practice tests, reading & speaking. (Your teacher has the actual tests.)

 1 Lesetest
Practice reading test

What do you know about what Steffi looks like?
(4 things)

What do you know about her pets? (3 things)

What do you know about her family? (3 things)

 2 Sprachtest
Practice speaking test

> Dortmund, dem 18.6 86
>
> Liebe Jenny!
> Jetzt schreibe ich Dir zum ersten Mal. Ich bin
> 12 Jahre alt und 1,45 m groß - ziemlich klein und
> schlank. Ich habe blonde Haare und blau - graue Augen.
> Wir wohnen in Dortmund. Ich habe einen Bruder, der
> drei Jahre älter ist. Er ist in der 9. Klasse. Mein
> Vater ist groß aber meine Mutter ist auch ziemlich klein,
> genau wie ich.
> Ich habe 2 Wellensittiche. Der eine ist blau, der
> andere ist grün. Der blaue heißt Peter und der
> grüne heißt Pucki, er ist ruhiger als Peter.
> Peter ist nie still. Wir haben auch einen Schäferhund.
> Er ist 1½ Jahre alt und heißt Brando.
> Ich freue mich schon was von Dir zu erfahren,
> z. B. Deine Hobbys.
>
>   Bis bald
>   Deine Steffi!
>
> P.S. Grüße Deine Eltern.

Your pen friend is ringing you up to wish you a happy birthday.
Can you complete the conversation?
(If you can't understand something, what are you going to say?)

> Hallo! Herzlichen Glückwunsch zum Geburtstag!

> Wie geht es dir?

> Auch gut, danke.
> Wie alt bist du jetzt?

> Was für Musik hörst du am liebsten?

> Ich schicke dir eine Cassette zum Geburtstag.
> Tschüß!

Wo wohnen wir?

Where do we live?

We will tell you something about our homes,
and we would like you to tell us something about yours.
Are they like ours or are they different?

 Wer spricht?
Ich wohne in . . .

Sascha lives in an 'Einfamilienhaus'
(*a 'one family house': a detached house*).

1

Hier ist ein Bild von unserem Haus.
Ich wohne in einem Einfamilienhaus.
Hinter dem Haus sind ein Garten
und eine Terrasse. Im Sommer
essen wir draußen
auf der Terrasse. Sascha.

2

Ich wohne in einer Wohnung.
Wir wohnen im zweiten Stock.
Wir haben einen Balkon und einen
kleinen Garten hinter dem Haus. Iris.

Wir wohnen in einem Reihenhaus.
Das Haus sieht klein aus,
aber es ist ziemlich groß.
Wir haben einen kleinen Garten vor
und hinter dem Haus. Markus.

3

Ich wohne in einem Zweifamilienhaus.
Das Haus ist ziemlich klein, aber
ich wohne nur mit meiner Mutter alleine. Miriam.

Ich wohne auf einem Bauernhof.
Das Haus ist ziemlich groß
und wir haben viele Tiere.
Knut.

4

 How much can you understand?
What do they tell you about where they live?

Höraufgabe: Wo wohnen wir?
Kannst du die Bilder beschriften?
Siehe Arbeitsbuch Seite 27.

27

5

Ein Plan von unserer Wohnung

A plan of our flat

Wer wohnt hier?

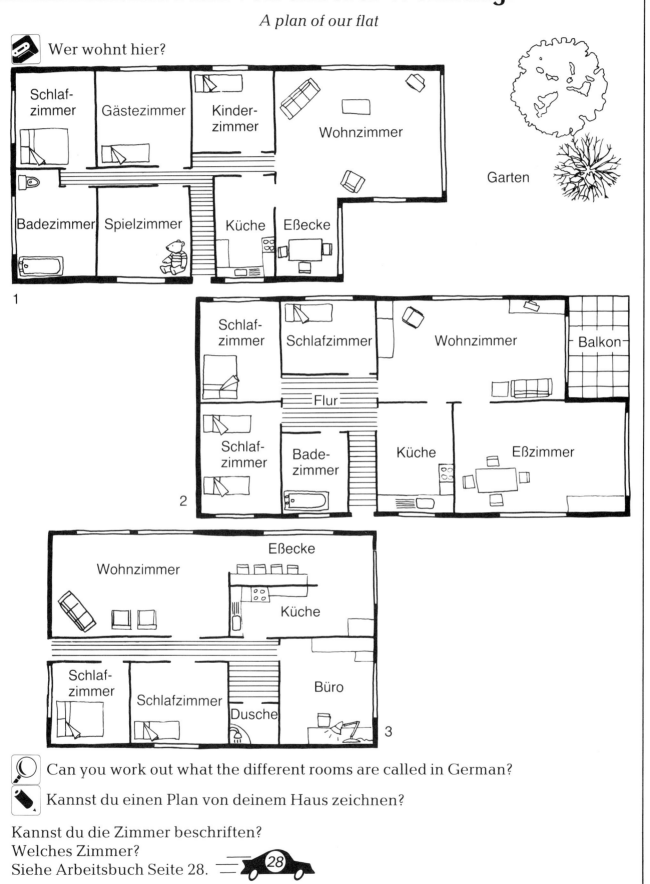

1

Schlaf-zimmer · Gästezimmer · Kinder-zimmer · Wohnzimmer

Badezimmer · Spielzimmer · Küche · Eßecke

Garten

2

Schlaf-zimmer · Schlafzimmer · Wohnzimmer · Balkon

Flur

Schlaf-zimmer · Bade-zimmer · Küche · Eßzimmer

3

Wohnzimmer · Eßecke · Küche

Schlaf-zimmer · Schlafzimmer · Dusche · Büro

Can you work out what the different rooms are called in German?

Kannst du einen Plan von deinem Haus zeichnen?

Kannst du die Zimmer beschriften?
Welches Zimmer?
Siehe Arbeitsbuch Seite 28.

28

Omas bayerisches Puppenhaus

Granny's Bavarian doll's house

Meine Oma wohnte in Süddeutschland, in Bayern.
Sie hat ein sehr altes Puppenhaus.
Hier ist die Küche von dem Puppenhaus.

Die Küche

ein Tassenregal

eine Kommode

einen Stuhl

zwei Fenster mit Vorhängen

einen Herd

einen Küchenschrank

einen Tisch

Hier ist ein Bild von unserer Küche.

In unserer Küche gibt es einen elektrischen Backofen, eine Spülmaschine, einen Kühlschrank und viele Wandschränke und elektrische Geräte, eine Tee- und Kaffeemaschine, einen Mixer usw.
Was hast du in deiner Küche?
Hast du einen Elektroherd oder einen Gasherd?

Kannst du die Bilder zeichnen bzw. beschriften?
Siehe Arbeitsbuch Seite 29.

Höraufgabe: Was gibt es in der Küche?
Anke tells you what is in the doll's house kitchen and what is in their kitchen, but she forgets some things.
What does she miss out?
Siehe Arbeitsbuch Seite 29.

 Suchbild
Hier stimmt etwas nicht,
z.B. die elektrische Lampe.
Findest du noch etwas, was
nicht zu der alten Küche
gehört?

Meine Hausaufgabe

My homework

 Ein Brief von Iris

Kannst du mir helfen? Hier ist ein Bild von unserem Wohnzimmer.
Für die Schule muß ich herausfinden, wie die Möbel im Wohnzimmer
und in meinem Zimmer auf englisch heißen?
Im Wohnzimmer gibt es:

ein Bücherregal
eine Tür zum Balkon
zwei Bilder
einen Schrank
zwei Stühle
ein Klavier
ein Fenster
Vorhänge
zwei Sessel
einen Fernseher
einen Teppich
eine Stereoanlage
einen Tisch

Und in meinem Zimmer habe ich:

einen Kleiderschrank
ein Bücherregal
einen Computer
ein Bett
einen Stuhl
einen Plattenspieler
ein Kissen
einen Schreibtisch
viele Platten
und... meinen Teddybär!

Kannst du das Bild beschriften?
Was hast du in deinem Zimmer?
Höraufgabe: Wem gehören die Dinge?
Michael oder Thomas?
Siehe Arbeitsbuch Seiten 30 & 31.

ein Etagenbett

eine Kommode

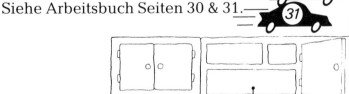

Wandschränke

In welchem Zimmer? Was gehört hier nicht hin?
Siehe Arbeitsbuch Seite 31.

Suchbilder

Puzzle pictures

A

B

 Das Puppenhaus Schlafzimmer
Was ist hier nicht richtig?
Das erste Bild unterscheidet
sich von dem zweiten in genau
fünf Dingen.

 Ihr könnt die Möbel basteln.
Ihr braucht:

Welche sind das? z.B.:

> Im Bild A gibt es einen Teppich.
> Im Bild B gibt es keinen Teppich.

> **i** einen Vogelkäfig
> – *a bird cage*

Siehe Arbeitsbuch Seite 32.

Schere   Klebstoff   Bleistift   Radiergummi   Lineal   Pappe oder
                                                                                              starkes Papier

Siehe Arbeitsbuch Seite 32.

 Suchbilder
Das erste Bild unterscheidet sich von dem zweiten in zehn
Dingen. Wieviele Dinge kannst du finden?
Schreib eine Liste.

A

B

 Wieviele Dinge finden Markus und Andrea?
Was finden sie nicht?

44

In meinem Zimmer

In my room

 Was hat Andreas in seinem Zimmer?

 Er hat die Wörter verschlüsselt
(in Kode geschrieben: A=1).

1	2 5 20 20
2	3 15 13 16 21 20 5 18
3	19 3 8 18 5 9 2 20 9 19 3 8
4	19 20 21 8 12
5	16 15 19 20 5 18 19
6	18 1 4 9 15
7	2 21 3 8 5 18 18 5 7 1 12
8	7 9 20 1 18 18 5
9	19 20 5 18 5 15 1 14 12 1 7 5

> **i** besonders – *especially*

 Und was hat Sandra in ihrem Zimmer?

*Jch habe ein B°tt und einen Schr°°bt°sch, einen St°hl und ein B°ch°rr°g°l.
Jch habe viele B°ch°r und viele Pl°tt°n und C°ss°tt°n. Jch habe einen
C°ss°tt°nr°c°rd°r, einen Pl°tt°nsp°l°r und einen F°rns°h°r. An der Wand habe
ich B°ld°r von Tieren, denn Tiere habe ich besonders gern.
Jch habe auch einen alten T°ddyb°r und viele Stofftiere.
Für meine Kleider habe ich einen Kl°d°rschr°nk und eine K°mm°d°.*

 Was hast du in deinem Zimmer?
Kannst du das auch verschlüsselt
schreiben?

 Wir ziehen um!
We're moving house!

 Wo gehören die Gegenstände hin?
Where do these belong?

Hier ist die Liste.

*Jm Schlafzimmer: Bett Kleiderschrank
Kommode
Jm Kinderzimmer: Etagenbett Schreibtisch
Stuhl Kleiderschrank
Jm Wohnzimmer: Sofa Sessel Couchtisch
Teppich
Jm Eßzimmer: Eßtisch 6 Stühle Buffet.
Jn der Küche: Kühlschrank Spülmaschine
Waschmaschine*

Kannst du die Gegenstände erkennen?
Wieviele Gegenstände kannst du im Bild
finden?
Siehe Arbeitsbuch Seite 33. 33

Welche Farbe?

What colour?

Some colours you know
already.
Can you guess the others?

i die Farben – *Colours*

rot
blau
grün
gelb
braun
grau
schwarz
weiß
gestreift   – *striped*
gemustert – *patterned*
dunkelblau – *dark blue*
hellblau   – *light blue*

 Was weißt du?
What does Annette
ask you?

 What happens
when her grand-
parents come to visit?
Does she like that?

Schwerte, den 6. November

Liebe Karin!

Vielen Dank für Deinen Brief und die Poster.
Sie passen genau zu meinem Zimmer.

In meinem Zimmer ist alles rot, blau oder weiß.
Ich habe rote Vorhänge, mit Herzchen,
und weiße Gardinen.

Die Bettwäsche ist blau-weiß-rot gestreift
und der Sessel ist auch blau. Der Fernseher ist weiß.
(Er ist nur ein schwarz-weiß Fernseher.) Die Wände sind
hellblau und die Tür ist weiß. Ich habe viele Bilder von
Tieren an der Wand über meinem Bett.

Wie sieht Dein Zimmer aus?
Hast Du ein eigenes Zimmer oder mußt Du Dein Zimmer
mit Deiner Schwester oder mit Deinem Bruder teilen?

Wenn meine Großeltern zu Besuch kommen, muß ich mein
Zimmer mit meinem Bruder teilen. Das hab' ich nicht so
gern! Wir streiten immer.

Kannst Du mir ein Bild von Deinem Zimmer zeichnen?
Hast Du auch viele Bilder an der Wand?

Schreib bald wieder,
Tschüß,
Annette

 Can you describe your room for her?

i   ein Etagenbett   – *bunk beds*
    eine Kommode   – *chest of drawers*
    ein Regal   – *shelf*
 einen Anbaukleiderschrank – *fitted wardrobe*

Die Farben
Höraufgabe: Was habe ich in meinem Zimmer?
Siehe Arbeitsbuch Seite 34.

Was hast du in deinem Zimmer?

Ich muß mein Zimmer aufräumen

I must tidy up my room

Wo ist es? *Where is it?*

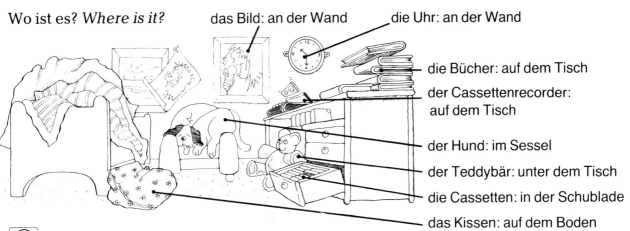

das Bild: an der Wand

die Uhr: an der Wand

die Bücher: auf dem Tisch

der Cassettenrecorder: auf dem Tisch

der Hund: im Sessel

der Teddybär: unter dem Tisch

die Cassetten: in der Schublade

das Kissen: auf dem Boden

 Richtig oder falsch?

Die Uhr ist auf dem Tisch.
Das Bild ist an der Wand.
Der Hund ist im Schrank.
Der Teddybär ist im Sessel.

Die Cassetten sind in der Schublade.
Die Bücher sind auf dem Tisch.
Der Cassettenrecorder ist auf dem Tisch.
Das Kissen ist an der Wand.

 Ich muß mein Zimmer aufräumen!
Ich kann nichts finden.
Kannst du sie finden? Wo sind sie?

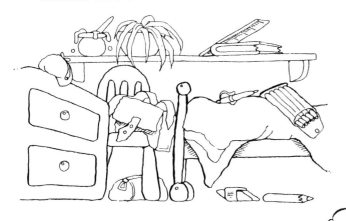

die Schulmappe	auf dem Bett
das Etui	auf dem Regal
der Radiergummi	auf dem Stuhl
der Bleistift	auf dem Tisch
die Filzstifte	unter dem Bett
der Klebstoff	unter dem Stuhl
das Lineal	
das Portemonnaie	
der Kuli	

Was habe ich in meinem Etui?
Kannst du das Bild fertigmachen?
Höraufgabe: Wir spielen
Schiffeversenken. Wer schummelt?
Siehe Arbeitsbuch Seite 35.

Ein Brief von Nicola
A letter from Nicola

Nicola beschreibt ihre Wohnung und ihr Zimmer.

 What does she tell you about the flat?

... and about her room?

Can you understand everything she says?

> **i** Hochhaus – 'high house' (block of flats)
> Wohnsiedlung – housing estate
> In der Nähe von – near
> Hausaufgaben – homework

Dortmund, den 14. November

Liebe Karen!

Du fragst mich wo ich wohne. Ich wohne in einer Wohnung in einem 5 stöckigen Hochhaus in einer neuen Wohnsiedlung in der Nähe der Schule.

Wir wohnen im zweiten Stock. Wir haben einen Balkon und einen Keller.

Die Wohnung ist groß und ich habe mein eigenes Zimmer. An der Wand hab' ich ein Bücherregal und an der anderen Wand hab' ich viele Bilder und Fotos von meinen Tieren. Ich habe eine Katze und ein Pferd.

Ich habe eine Bettcouch und einen Schreibtisch, an dem ich meine Hausaufgaben mache und einen Cassettenrecorder und einen Plattenspieler.

Ich höre sehr gern Musik und ich lese auch viel, Bücher und Zeitschriften wie »Bravo« und »Ein Herz für Tiere«.

Schreib bald wieder,
Nicola.

Ich lege ein Foto von mir in meinem Zimmer bei.

Wie man die Adresse auf einen Umschlag schreibt:

Absender   Name
           Straße und Nummer
           Postleitzahl Stadt

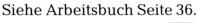

Hofmann
Heinestraße 35
4600 Dortmund 30

Nicola Lange
Kimbernstraße 2
4037 Altstadt

Kannst du einen Umschlag richtig adressieren?
Siehe Arbeitsbuch Seite 36. 36

  Kannst du einen Brief an Nicola schreiben?

Nützliche Redewendungen
Siehe Arbeitsbuch Seite 36.  36

48

Lernzielkontrolle – Checklist

By now you should be able to

. . . introduce yourself:

Say what your name is and how it is spelt.
Say how old you are.
Say when your birthday is.
Say where you live.
Say something about your family and pets, if any.
Say something about your house and your room.

. . . ask people:

what their name is
how they spell it
how old they are
when their birthday is
where they live
about their families.

. . . deal with language problems:

Say you don't understand.
Say you're sorry.
Explain that you are not German.
Say where you are from.
Ask someone to speak more slowly.

. . . and you should know:

numbers to 31
days of the week and months
colours.

You should also be able to:

Write a simple letter to a pen friend.
Write a short postcard.
Address an envelope correctly to someone in Germany.
Record a simple interview.

By the end of the next unit you will be able to:

say what you like and dislike doing
ask people about their hobbies.

If you can tick every box (Arbeitsbuch Seite 37)
you are ready to go on to the next unit.
If you can't . . . then you had better do some revision!

Suchspiel
Siehe Arbeitsbuch Seite 37.

Hobbies

In this unit we will tell you about what we like doing in our free time, and by the end of the unit you should be able to do the same. Most schools in Germany finish at one o'clock, so those lucky pupils have lots of free time! Now there are also lots of new 'Gesamtschulen' (*Comprehensives*) which are 'Ganztagschulen' (*all-day schools*), but the pupils still finish earlier than most English schools.

 Was weißt du?
Was macht Martin gern?
What does Martin like doing?

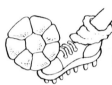
Ich spiele Klavier und Keyboard.

Ich spiele Schach.   Ich spiele Federball.

Ich spiele
Fußball.

> **i** Ich spiele – *I play*
> Ich spiele gern . . . – *I like playing* . . .
> Ich sammle – *I collect*

Ich sammle Briefmarken.

Was macht Jutta gern?

> **i** Ich schwimme – *I swim*
> Ich schwimme gern –
> *I like swimming*

Ich spiele gern
Tennis und Tischtennis.

Ich schwimme auch gern.

. . . und Norma?

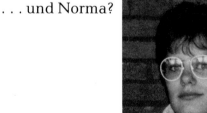

Ich spiele gern Karten.

. . . und Josef?

Ich reite gern.
Ich gehe gern in die Disco.
Ich guck' gern Fernsehen.
Ich spiele Gitarre und gehe gern
mit meinen Freunden in den Jugendklub.

Ich lese gern Zeitschriften.
Ich höre gern Platten.
Ich fahre BMX und im Winter
fahre ich gern Ski.

Can you match the symbols with the words?
Siehe Arbeitsbuch Seite 38. 38

Leisure interests

🔍 Was machen sie gern?

*Ich schwimme gern
und lese gern.
Ich fahre gern Rad,
aber reite nicht so gern.
Marion*

*Ich schwimme gern.
Ich laufe gern Ski.
Windsurfen mach ich gern
und alle Wassersportarten.
Ich interessiere mich nicht
so sehr für Musik.
Guido*

*Ich spiele gern Tischtennis
und ich gehe gern in die Disco.
Lesen mach ich nicht so gern.
Ich sehe gern fern.
Edith*

*Ich reite gern.
Ich habe mein eigenes Pferd.
Ich tanze auch gern und ich
sammle Briefmarken.
Agnes*

*Ich fahre gern BMX
und ich spiele gern draußen.
Ich tanze nicht gern,
und Discos kann ich nicht leiden.
Ich sammle Aufkleber.
Ulrich*

ℹ️ Ich spiele gern draußen. –
I like playing outside.
Ich kann . . . nicht leiden. –
I can't stand . . .
Ich sammle – *I collect*
Briefmarken – *stamps*
Aufkleber – *stickers*

🔍 Wer . . . spielt gern Tischtennis?
kann Discos nicht leiden?
läuft gern Ski?
sammelt Aufkleber?
liest gern Bücher?
reitet gern?
fährt gern Rad?

🔍 Richtig oder falsch?

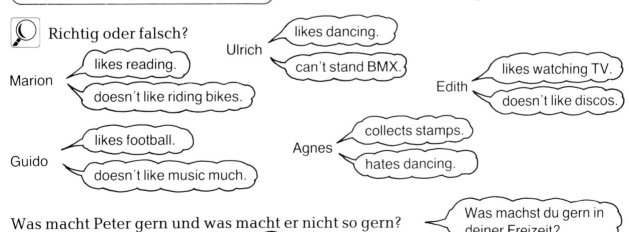

Ulrich — likes dancing.
— can't stand BMX.

Marion — likes reading.
— doesn't like riding bikes.

Edith — likes watching TV.
— doesn't like discos.

Guido — likes football.
— doesn't like music much.

Agnes — collects stamps.
— hates dancing.

Was machst du gern in deiner Freizeit?

Was macht Peter gern und was macht er nicht so gern?
Siehe Arbeitsbuch Seite 38. 🚗 38

Was machst du gern?

What do you like doing?

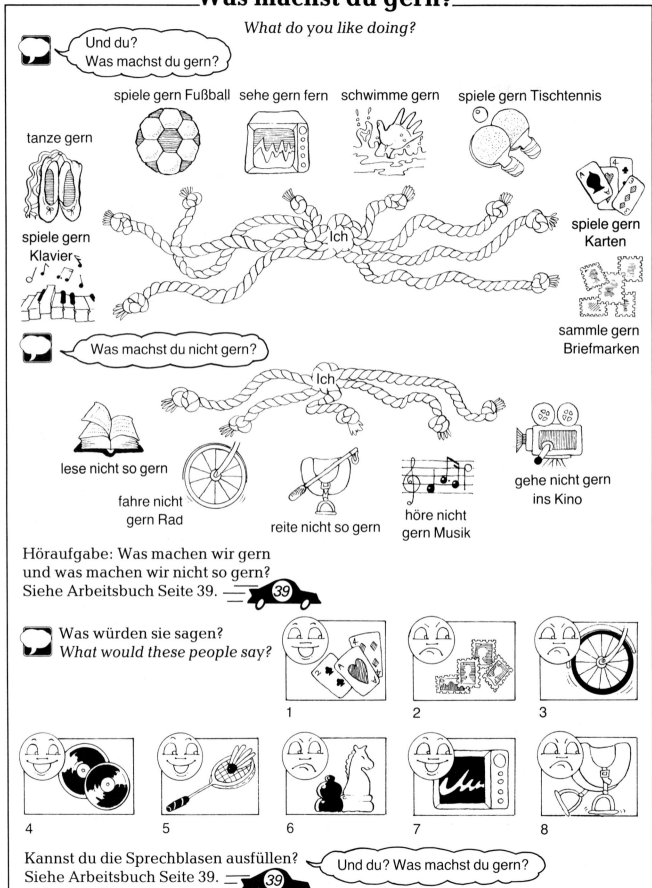

Und du?
Was machst du gern?

tanze gern

spiele gern Fußball   sehe gern fern   schwimme gern   spiele gern Tischtennis

spiele gern
Klavier

Ich

spiele gern
Karten

sammle gern
Briefmarken

Was machst du nicht gern?

Ich

lese nicht so gern

fahre nicht
gern Rad

reite nicht so gern

höre nicht
gern Musik

gehe nicht gern
ins Kino

Höraufgabe: Was machen wir gern
und was machen wir nicht so gern?
Siehe Arbeitsbuch Seite 39. — 39

Was würden sie sagen?
What would these people say?

1

2

3

4

5

6

7

8

Kannst du die Sprechblasen ausfüllen?
Siehe Arbeitsbuch Seite 39. — 39

Und du? Was machst du gern?

52

Welche Sportart?

Which sport?

 Can you work out which sport is represented by each picture?

Now look at the German words. Work with a partner and see how many you can match up without any help. Some you know already!

Tennis
Tischtennis
Basketball
Bogenschießen
Fußball
Federball
Handball
Hockey
Windsurfen
Bodybuilding
Leichtathletik
Laufen
Turnen
Schwimmen
Radfahren
Skilaufen
Schlittschuhlaufen
Rollschuhfahren
Segeln
Judo
Wandern
Klettern

 Mach eine Umfrage in deiner Klasse!
Welche Sportarten sind in deiner Klasse am populärsten?

> Treibst du gern Sport?

> Was machst du gern in deiner Freizeit?

> Welche Sportart findest du am besten?

Kannst du Symbole für diese Sportarten zeichnen?
Siehe Arbeitsbuch Seite 40. — 40

Eine Postkarte aus dem Urlaub!

A holiday postcard!

Wir sind im Ötztal in Österreich.
Wir haben viel Schnee!
Das Wetter ist herrlich – Die Sonne
scheint und wir laufen jeden Tag viel Ski.
Jeden Abend gehen wir in eine
Disco oder eine Pizza essen
oder schwimmen. Ich habe eine neue
Freundin, Erika, aus München.
Sie fährt gut Ski und tanzt gern !!!
Sonntag kommen wir
wieder nach Hause …
und Montag müssen wir schon wieder
zur Schule.   Dirk

Beate König
Beethovenstr. 15
3795
Kleindorf

Where is Dirk?
What is the weather like?
What is he doing?
What else does he tell you?
When is he going home?

Wir sind in Jugoslawien.
Jeden Tag scheint die Sonne
und es ist sehr heiß.
Wir schwimmen viel, liegen in
der Sonne oder spielen Tennis.
Toll!
Das Hotel und das Essen sind
unheimlich gut. Wir haben ein
großes Zimmer mit Balkon.
Herzliche Grüße,
              Iris

Michael Westermann
Weserbergstraße 29
4702
Neustadt

Where is Iris spending her holidays?
What is the weather like?
What is she doing?
What else does she tell you?

Kannst du eine Postkarte auf deutsch
schreiben?
Siehe Arbeitsbuch Seite 40.

Sportspiel

Sports game

 Wählt zwei Mannschaften aus.
Schreibt eine Liste von Hobbies und Sportarten auf.
Ein Mitspieler von jeder Mannschaft wählt ein Hobby bzw.
eine Sportart aus.
Er/Sie spielt das Hobby bzw. die Sportart vor.

> **i** Mannschaft – *team*
> Mitspieler – *player*
> wählt aus (auswählen) – *choose*
> spielt vor (vorspielen) – *act out*

 Die Fragen: hör zu.

Kannst du mehr bilden?
Can you make up some more?

Reitest du gern?

Siehst du gern fern?

Spielst du gern Fußball?

Liest du gern Bücher
oder Zeitschriften?

Spielst du gern Schach?

Spielst du gern Tischtennis?

Gehst du gern schwimmen?

Hörst du gern Platten?

Gehst du gern in die Disco?

Läufst du gern Ski?

Fährst du gern Rad/BMX?

Höraufgabe: Wer macht was gern?
Siehe Arbeitsbuch Seite 41.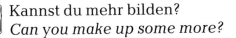

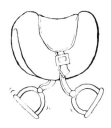

Was machen wir gern?

What do we like doing?

Höraufgabe: Was machen wir gern?
Martin, Natalie, Thomas und Corinna beantworten die Fragen.
Siehe Arbeitsbuch Seite 41.

Spielst du gern Tischtennis?

Liest du gern Bücher?

Schwimmst du gern?

Gehst du gern ins Kino?

Fährst du gern Rad?

Hörst du gern Platten?

 Hier ist ein Interview mit Kai.
Was macht er gern, und was macht er nicht gern?

Ja, ich spiele gern Tennis.

Nein. Schwimmen mag ich nicht.

Nein, ich reite nicht gern.

Ja. Ich lese Detektivbücher besonders gern.

Ja, ich gehe gern ins Kino.

Nein. Fußball kann ich nicht leiden.

Nein. Schach spiele ich nicht gern.

Ich weiß es nicht. Ich bin noch nicht Skigefahren.

Ja. Platten hör' ich sehr gern, besonders Western und Rock.

i besonders – *especially*

 Kannst du die Fragen bilden?
Siehe Arbeitsbuch Seite 41.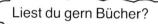

  Kannst du ein Interview aufnehmen?

Partnerarbeit 3 Telefonnummern

Telephone numbers

 Beispiel

| Axel Schuhmacher | 35 | 48 | 20 |
| Barbara Zeitz | 50 | 31 | 47 |

Partner A: Renate

Partner B: Marion

> Nächste Woche gebe ich eine Geburtstagsfête.
> Ich möchte Axel und Barbara einladen.
> Kennst du Axels Telefonnummer?

> Axel Schuhmacher? 35 48 20.

> Und Barbara Lessings Telefonnummer?

> Tut mir leid. Die habe ich nicht.

> Hast du die Telefonnumer von Barbara Zeitz?

> Ja. 50 31 47.

> Vielen Dank. Tschüß.

> **i** einladen – *invite*

Höraufgabe: Hast du die Telefonnummer von Claus?
Renate's telephone book has got torn up. She is trying to find out
Claus's number. Marion is helping her.
Siehe Arbeitsbuch Seite 42.

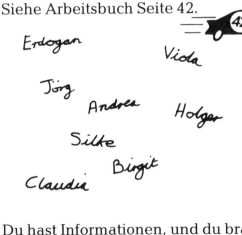

Erdogan   Viola   45 36 72   97 58 14

Jörg   Andrea   69 35 42   52 07 41

Holger   43 40 35   78 44 30

Silke   66 31 12

Birgit   93 27 10

Claudia   42 58 10

Du hast Informationen, und du brauchst
Informationen.

 Your teacher will give you a list of
names and telephone numbers, but
it is incomplete. Does your partner
know the missing numbers?

 Wie ist deine Telefonnummer?
Wie ist die Vorwahlnummer für
deine Stadt?

Höraufgabe: Unsere Telefonnummern
Suchspiel
Siehe Arbeitsbuch Seite 42.

57

Here are some practice tests. Your teacher has the real ones.

 1   Sprachtest   Kannst du die Fragen beantworten?
(Übe mit einem Mitschüler.)

> Wie heißt du?

> Wie buchstabierst du das?

> Wie alt bist du?

> Wann hast du Geburtstag?

> Hast du Geschwister?

> Hast du ein Haustier?

> Wo wohnst du?

> Was machst du gern in deiner Freizeit?

> Wann kommst du nach Deutschland?

 Wähle eine aus.
Choose one.

> Kannst du dein Haus oder dein Zimmer beschreiben?

> Kannst du einen Mitschüler bzw. eine Mitschülerin beschreiben?

Siehe Arbeitsbuch Seite 43.

 Practise asking the questions in a different order!

 Try this exercise again in two weeks and see if you can still do it really well!

2   Lesetest: Ramonas Tagebuch
Here is a postcard from Ramona who is away on a training holiday with her sports club.

Can you fill in her diary for her in English?
Siehe Arbeitsbuch Seite 43.

Das Programm ist sehr anstrengend.
Jeden Tag machen wir viel Training.
Montag, Dienstag und Donnerstag
spielen wir Tennis und Handball.
Die andere Tage gehen wir schwimmen
und spielen Fußball oder Volleyball.
Am Mittwoch machen wir auch eine
Fahrradtour und am Samstag Abend
haben wir eine Disco.
Tschüß, Romona.

Michael Westermann
Weserbergstraße 29
4702
Neustadt

3 Schreibtest
These people all want pen friends.

Write a letter to one of them telling him or her something about
yourself and your family.
Can you address an envelope to him or her?
Siehe Arbeitsbuch Seite 43.

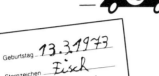

Form 1

Geburtstag _13.3.1973_
Sternzeichen _Fisch_
Geburtsort _Schwerte_
Größe _1,63 m_
Augenfarbe _blau_
Haarfarbe _dunkel blond_
Kennzeichen _keine_
Vor- und Zuname _André Koch_
Anschrift _5840 Schwerte Heinrich-Möller-Weg 5_ Telefon _02304/7811_
Meine Lieblingsfarbe _blau, grün_
Mein Lieblingstier _Wellensittich_
Mein Lieblingsgericht _Apfelpfannekuchen_
Mein liebster Schriftsteller _Stefan Wolf_
Meine Lieblingsbücher _TKKG_
Hobbys _Modelleisenbahn_

Form 2

Geburtstag _11.6.74_
Sternzeichen _Stier_
Geburtsort _Schwerte_
Größe _1,65 m_
Augenfarbe _blau - grau_
Haarfarbe _blond_
Kennzeichen _—_
Vor- und Zuname _Andrea Ohlendorf_
Anschrift _Hermannstr. 15, 5840 Schwerte 1_
Telefon _02304/17368_
Meine Lieblingsfarbe _schwarz, blau, weiß_
Mein Lieblingstier _Hund, Pferd_
Mein Lieblingsgericht _Paelia, Pizza, Nudeln_
Mein liebster Schriftsteller _J. Simmel_
Meine Lieblingsbücher _Weinen streng verboten_
Ronja Räubertochter
Hobbys _Squash, lesen, Tisch-tennis_

Form 3

Geburtstag _1.4.74_
Sternzeichen _Widder_
Geburtsort _Riemstein_
Größe _1,65 m_
Augenfarbe _grau - grün_
Haarfarbe _hell braun_
Kennzeichen _./._
Vor- und Zuname _Annette Preuss_
Anschrift _Albert-Pepper Weg 9a_
5840 Schwerte 1 Telefon _02304/13988_
Meine Lieblingsfarbe _rosa, hell blau, lila, weiß_
Mein Lieblingstier _Pferd, Hund_
Mein Lieblingsgericht _Pizza, Eipros, Pommes_
Mein liebster Schriftsteller _Astrid Lindgren_
Meine Lieblingsbücher _TKKG, Abenteuerreihe_

Form 4

Geburtstag _27.5.74_
Sternzeichen _Zwilling_
Geburtsort _Schwerte_
Größe ___
Augenfarbe _blau - grau_
Haarfarbe _blond_
Kennzeichen ___
Vor- und Zuname _Andree Brauckhoff_
Anschrift _Grauerweg 12   5840 Schwerte 4_
Telefon _02304/70905_
Meine Lieblingsfarbe _rot_
Mein Lieblingstier _Hamster, Vogel, Hund_
Mein Lieblingsgericht _Kartoffelsuppe_
Mein liebster Schriftsteller ___
Meine Lieblingsbücher _Gruselgeschichten aller Art; Science Fiction_
Hobbys _Modellbau; Computer_

Die Uhrzeiten

Telling the time

In this unit you will find out how to ask and tell the time so that you can make arrangements. You will also learn how to say if you don't feel well and apologise if you can't go.

 Excuse me please. What time is it?

i danke schön – *thank you.*
bitte – *please don't mention it*

Germans always answer 'bitte' when thanked. See if you can remember to do it!

i viertel – *quarter*
halb – *half*
vor – *to*
nach – *past*

Entschuldigen Sie bitte. Wie spät ist es?
Es ist elf Uhr.
Danke schön.
Bitte!

Entschuldigung! Wie spät ist es?
Halb zwei.
Vielen Dank.

It is all so easy . . . or is it?
Look at half past two.
How do they say it?
Half . . . ?

So how will you say half past three?
. . . and half past four?
. . . and half past five?
. . . and half past eight?
and 6.30, 10.30, 12.30?

Siehe Arbeitsbuch Seite 44.

 viertel nach zwei
 zwei Uhr
 halb drei
viertel vor drei
 drei Uhr
 halb fünf
halb zwölf
 halb zwei

Es ist mittag in London. Wie spät ist es in New York, San Francisco, Rio, Athen, Bombay, Singapore, Sydney, Auckland, Tokyo und Berlin?

Höraufgabe: Wie spät ist es und wo sind sie?
Siehe Arbeitsbuch Seite 44.

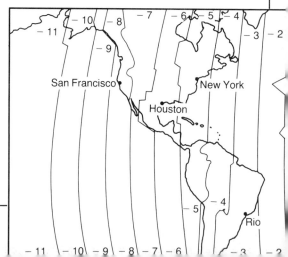

Wie spät ist es?

What time is it?

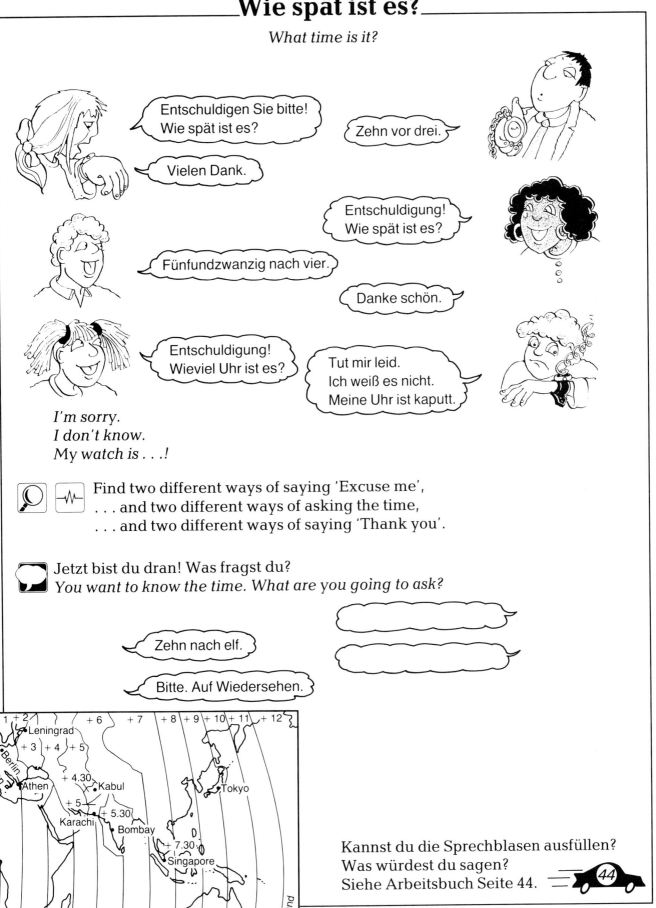

Entschuldigen Sie bitte! Wie spät ist es?

Zehn vor drei.

Vielen Dank.

Entschuldigung! Wie spät ist es?

Fünfundzwanzig nach vier.

Danke schön.

Entschuldigung! Wieviel Uhr ist es?

Tut mir leid.
Ich weiß es nicht.
Meine Uhr ist kaputt.

I'm sorry.
I don't know.
My watch is . . .!

Find two different ways of saying 'Excuse me',
. . . and two different ways of asking the time,
. . . and two different ways of saying 'Thank you'.

Jetzt bist du dran! Was fragst du?
You want to know the time. What are you going to ask?

Zehn nach elf.

Bitte. Auf Wiedersehen.

Kannst du die Sprechblasen ausfüllen?
Was würdest du sagen?
Siehe Arbeitsbuch Seite 44.

44

61

Wann? Um wieviel Uhr?

When? At what time?

Was machst du heute nachmittag, Thorsten?

Von zwei bis drei habe ich Fußballtraining, also, ich muß das Haus um zehn vor zwei verlassen. Um halb vier gehe ich mit meinen Freunden schwimmen. Um fünf gehe ich nach Hause, guck ein bißchen fern. Sportschau ist um zwanzig nach sechs heute – Fußball, Deutschland gegen Frankreich. Dann mache ich meine Schularbeiten, bis zum Abendessen.

Was weißt du?
When does he go training?
swimming?
home?
to the Youth Club?
to bed?
What time does he have to get up?

What does he do at home in the evening?

Um acht Uhr gehe ich in den Jugendklub. Um zehn muß ich zu Hause sein. Dann gehe ich gleich ins Bett, denn ich muß um halb sieben aufstehen.

Und du, Petra? Was machst du?

Heute ist die Schule um ein Uhr aus. Um zwanzig nach eins bin ich zu Hause. Mittagessen ist um halb zwei. Um zwei Uhr gehe ich zur Reitschule bis vier. Um halb fünf treffe ich mich mit meinen Freunden im Eiscafé. Um sechs Uhr essen wir zu Abend, dann muß ich zu Hause sein. Nach dem Essen mache ich meine Hausaufgaben oder guck ein bißchen Fernsehen. Ich gehe um zehn Uhr ins Bett, da ich um viertel nach sechs aufstehen muß.

Was weißt du über Petra?
What time does she have lunch?
How long does it take her to get home?
What does she do after lunch?
When does she meet her friends?

Where does she meet her friends?
When does she go to bed?
Who gets up earlier, Thorsten or Petra?

Höraufgabe: Wann stehen wir auf?
Um wieviel Uhr gehen wir ins Bett?
Siehe Arbeitsbuch Seite 45.

Und du? Und in deiner Klasse?
Mach eine Umfrage.
Wie spät ist es?
Siehe Arbeitsbuch Seite 45.

Unit 6
Kommst du mit?

Are you coming?

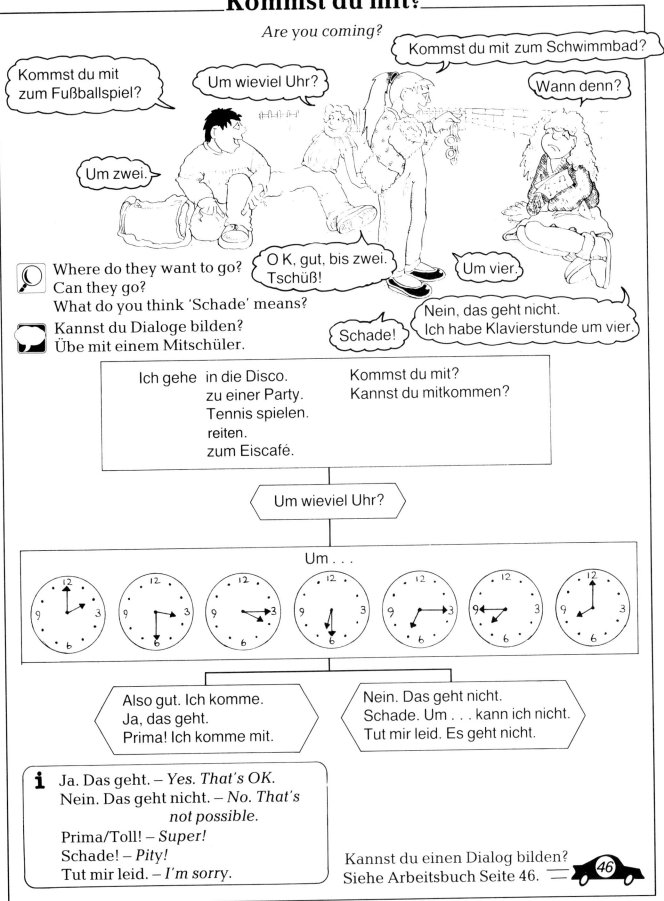

- Where do they want to go?
- Can they go?
- What do you think 'Schade' means?

- Kannst du Dialoge bilden?
- Übe mit einem Mitschüler.

Ich gehe in die Disco.   Kommst du mit?
         zu einer Party.   Kannst du mitkommen?
         Tennis spielen.
         reiten.
         zum Eiscafé.

Um wieviel Uhr?

Um . . .

Also gut. Ich komme.   Nein. Das geht nicht.
Ja, das geht.   Schade. Um . . . kann ich nicht.
Prima! Ich komme mit.   Tut mir leid. Es geht nicht.

i Ja. Das geht. – *Yes. That's OK.*
Nein. Das geht nicht. – *No. That's
                        not possible.*
Prima/Toll! – *Super!*
Schade! – *Pity!*
Tut mir leid. – *I'm sorry.*

Kannst du einen Dialog bilden?
Siehe Arbeitsbuch Seite 46.

Was ist mit ihnen los?

What is wrong with them?

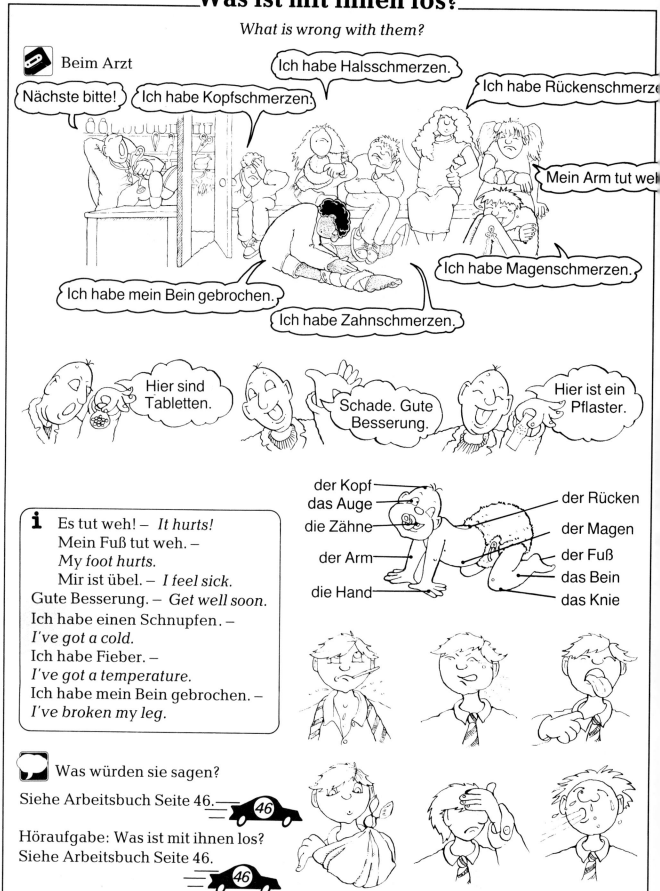

Beim Arzt

Nächste bitte!

Ich habe Kopfschmerzen.

Ich habe Halsschmerzen.

Ich habe Rückenschmerzen.

Mein Arm tut weh.

Ich habe mein Bein gebrochen.

Ich habe Zahnschmerzen.

Ich habe Magenschmerzen.

Hier sind Tabletten.

Schade. Gute Besserung.

Hier ist ein Pflaster.

i Es tut weh! – *It hurts!*
Mein Fuß tut weh. –
My foot hurts.
Mir ist übel. – *I feel sick.*
Gute Besserung. – *Get well soon.*
Ich habe einen Schnupfen. –
I've got a cold.
Ich habe Fieber. –
I've got a temperature.
Ich habe mein Bein gebrochen. –
I've broken my leg.

der Kopf
das Auge
die Zähne
der Arm
die Hand

der Rücken
der Magen
der Fuß
das Bein
das Knie

Was würden sie sagen?

Siehe Arbeitsbuch Seite 46. **46**

Höraufgabe: Was ist mit ihnen los?
Siehe Arbeitsbuch Seite 46.
46

64

Ich fühle mich nicht wohl

I don't feel well

Tut mir leid.
Ich fühle mich nicht wohl.
Ich habe Kopfschmerzen.

Wir gehen schwimmen.
Kommst du mit?

Schade!
Gute Besserung.

Wir gehen Rollschuhlaufen.
Kommst du mit?

Tut mir leid.
Ich fühle mich nicht wohl.

Was ist los?

Mir ist übel.
Hast du ein Mittel gegen
Magenschmerzen?

Übe die Dialoge mit einem Mitschüler.

1 2 3 4 5 6

Was ist mit dir los?
Was würdest du sagen?

Kannst du das Bild beschriften?
Siehe Arbeitsbuch Seite 47. 47

Tabletten gegen
Kopfschmerzen

Eine Tube Salbe
gegen Sonnenbrand

Pflaster

Tabletten gegen
Seekrankheit

Hustentropfen   Hustenbonbons

i Haben Sie etwas dagegen? –
Have you anything for it?
Haben Sie ein Mittel gegen . . .? –
Have you something for . . .?

Kannst du die Bilder beschriften?
Höraufgabe: Was ist mit Peter los?
Siehe Arbeitsbuch Seite 47. 47

In der Apotheke

At the chemist's

Höraufgabe: Was ist mit ihnen los?
Wer braucht welches Medikament?
Siehe Arbeitsbuch Seite 47.

Medikament gegen
Magenschmerzen

 Wer hat einen Sonnenbrand?
Was ist mit Herrn Müller los?
Hat Lars Zahnschmerzen?
Wer hat Magenschmerzen?
Braucht Natalie oder Ute Hustenbonbons?
Wer hat sich in die Finger geschnitten?

Halsschmerztabletten

Was würdest du sagen?

 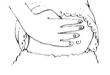  

Ich habe . . .
Haben Sie . . .?

Was ist hier nicht richtig?

1

Ich habe Halsschmerzen.

Hier ist Sonnenbrandsalbe.

2

Ich habe einen Schnupfen.

Hier ist ein Pflaster.

3

Ich habe mir in die
Finger geschnitten.

Hier sind
Kopfschmerztabletten

4

Ich habe Kopfschmerzen.

Hier sind Hustentropfen.

5

Ich habe einen Sonnenbrand.

Hier sind Halsschmerztabletten

Partnerarbeit 4 Wann gehen wir schwimmen?

When are we going swimming?

Beispiel   Partner A   Partner B

> Was machst du am Montag, nach der Schule?

> Am Montag? Ich spiele Tennis.
> Was machst du am Dienstag?

> Am Dienstag? Geht nicht.
> Da gehe ich in den Jugendklub.
> Bist du am Freitag frei?

> Am Freitag hab' ich Gitarrenstunde.
> Am Samstag bin ich frei.
> Am Samstag kann ich schwimmen gehen.

> Ja. Am Samstag hab' ich auch frei.
> Also. bis Samstag!

Hier ist das Tagebuch von Mechthild und das Tagebuch von Anja.
Sie wollen beide Tennis spielen. Siehe den Dialog an.

Kannst du die Lücken ausfüllen?
Siehe Arbeitsbuch Seite 48.

Montag	Musikstunde
Dienstag	Tennis mit Thorsten
Mittwoch	Babysitting
Donnerstag	
Freitag	Schwimmen
Samstag	Party bei Renate
Sonntag	Omas Geburtstag

Anja

Montag	Babysitting
Dienstag	Schwimmen
Mittwoch	Reiten
Donnerstag	
Freitag	Rockkonzert
Samstag	Disco im Jugendklub
Sonntag	

Mechthild

> Wann spielen wir Tennis?

> Was machst du am . . .?

> Ich habe eine Musikstunde.
> Hast du am . . . frei?

> Nein. Ich habe eine Reitstunde.
> Wann gehst du bei Schulz babysitten?

> Am . . . . Was machst du
> . . . abend?

> Es gibt ein Rockkonzert im Sportpalast.
> Am . . . bin ich frei.

> Geht nicht. Das ist Omas Geburtstag.
> Wie wäre es mit . . .?

> Nein. Es gibt eine Disco im
> Jugendklub. Was machst du am . . .?

> Nichts. Du auch?

> Ja. Dann habe ich auch frei.
> Um wieviel Uhr? . . .

 Your teacher will give you a diary page showing your engagements for next week. When can you arrange to play tennis with your partner?

Kannst du ein Tagebuch für dich
ausfüllen?

Was gehört hier nicht?
Siehe Arbeitsbuch Seite 48.

Sternzeichen
Star signs

 Wie heißen die Sternzeichen?

Daten 22.12 – 19. 1
20. 1 – 18. 2
19. 2 – 20. 3
21. 3 – 20. 4
21. 4 – 20. 5
21. 5 – 21. 6
22. 6 – 22. 7
23. 7 – 22. 8
23. 8 – 22. 9
23. 9 – 22.10
23.10 – 21.11
22.11 – 21.12

Vor- und Zuname *Max Brockstieger*	
Geburtstag **3. 10. 73**	
Sternzeichen *Waage*	
Geburtsort *Oberhausen*	
Größe **1,70 m**	Augenfarbe *grau-grün.*
	Haarfarbe *blond*
	Kennzeichen

Vor- und Zuname *Knut Dellmann*	
Geburtstag **6. 6. 74**	
Sternzeichen *Zwilling*	
Geburtsort *Laheurde*	
Größe **1,52 m**	Augenfarbe *braun*
	Haarfarbe *braun- blond*
	Kennzeichen

Vor- und Zuname *Martin Finklaus*	
Geburtstag **14.2.1973**	
Sternzeichen *Wassermann*	
Geburtsort *Schwerte*	
Größe **1,69 m**	Augenfarbe *braun*
	Haarfarbe *braun*
	Kennzeichen

Vor- und Zuname *Alexander Grigo*	
Geburtstag **26.2.74**	
Sternzeichen *Fische*	
Geburtsort *Frankfurt*	
Größe **1,62**	Augenfarbe *blau*
	Haarfarbe *blond*
	Kennzeichen

Vor- und Zuname *Lothar Groschel*	
Geburtstag **11.11.1973**	
Sternzeichen *Skorpion*	
Geburtsort *Dortmund*	
Größe **1,65**	Augenfarbe *grün / blau*
	Haarfarbe *braun*
	Kennzeichen

Vor- und Zuname *Jan Rehorge*	
Geburtstag **9.4.1974**	
Sternzeichen *Widder*	
Geburtsort *Schwerte*	
Größe **1.46 m**	Augenfarbe *blau*
	Haarfarbe *blond*
	Kennzeichen

Vor- und Zuname *Tanja Michaela Christine Tiegel*	
Geburtstag **21.57.86 73**	
Sternzeichen *Krebs*	
Geburtsort *Kamp-Lintfor*	
Größe **1,60 m**	Augenfarbe *blau*
	Haarfarbe *dunkel-blond*
	Kennzeichen

Vor- und Zuname *Andrea Sievers*	
Geburtstag **28.12.1973**	
Sternzeichen *Steinbock*	
Geburtsort *Schwerte*	
Größe **1,70**	Augenfarbe *blau*
	Haarfarbe *braun*
	Kennzeichen

Vor- und Zuname *Natascha Sandra Löwenstein*	
Geburtstag **29.11.93**	
Sternzeichen *Schütze*	
Geburtsort *Schwerte*	
Größe **1,65 m**	Augenfarbe *blau*
	Haarfarbe *braun*
	Kennzeichen

Vor- und Zuname *Erza Niederquell*	
Geburtstag **23.4.86**	
Sternzeichen *Stier*	
Geburtsort *Schwerte*	
Größe **1,40**	Augenfarbe *grau*
	Haarfarbe *blond*
	Kennzeichen

Vor- und Zuname *Marian Krüger*	
Geburtstag **5.8.72**	
Sternzeichen *Löwe*	
Geburtsort *Schwerte*	
Größe **1,67 m**	Augenfarbe *blau-grün*
	Haarfarbe *blond*
	Kennzeichen

Vor- und Zuname *Andrea Hentschel*	
Geburtstag **20.9.1973**	
Sternzeichen *Jungfrau*	
Geburtsort *Schwerte*	
Größe **1,69 m**	Augenfarbe *grün, blau graß blond*
	Haarfarbe *braun am linken*
	Kennzeichen *rechts kleiner Zeh*

Unter welchem Sternzeichen bist du geboren?
Siehe Arbeitsbuch Seite 48.

48

Memorykontrolle

Memory check

 Kannst du die Fragen immer noch beantworten?

Wie heißt du?

Wie schreibt man das?

Wo wohnst du?

Hast du Geschwister?

Hast du ein Tier?

Wann hast du Geburtstag?

 Kannst du die richtigen Fragen stellen?

Gut danke, und dir?

Hannelore.

Dreizehn.

Am vierten Mai.

Drei Schwestern.

Eine Katze, Garfield, und einen Wellensittich, Hansi.

Übe die Dialoge mit einem Mitschüler.

Höraufgabe: Wem gehört welches Tier?
Siehe Arbeitsbuch Seite 49.

Pudel

schwarze Katze

Schäferhund

Wellensittich

Kanarienvogel

getigerte Katze

Maus

Suchspiel
Ein Steckbrief
Siehe Arbeitsbuch Seite 50.

Die Geschäfte

The shops

In this unit we are going to take you round our local shops.
We will show you how to ask for things in the shops,
which shops to go to for what you want
and how to use German money.

 Wer wohnt hier in der Nähe?

Und wer wohnt hier?

Kannst du die Geschäfte auf die Pläne beschriften? 51

Wie heißen die Geschäfte?

What do you think 'Offen' and
'Geschlossen' mean?

Was ist hier nicht richtig? 51

Obst und Gemüse

Fruit and vegetables

Im Gemüsegeschäft und auf dem Markt

Lars kauft Obst und Gemuse. Was kauft er?

> **i** Ich möchte . . .
> – *I would like . . .*

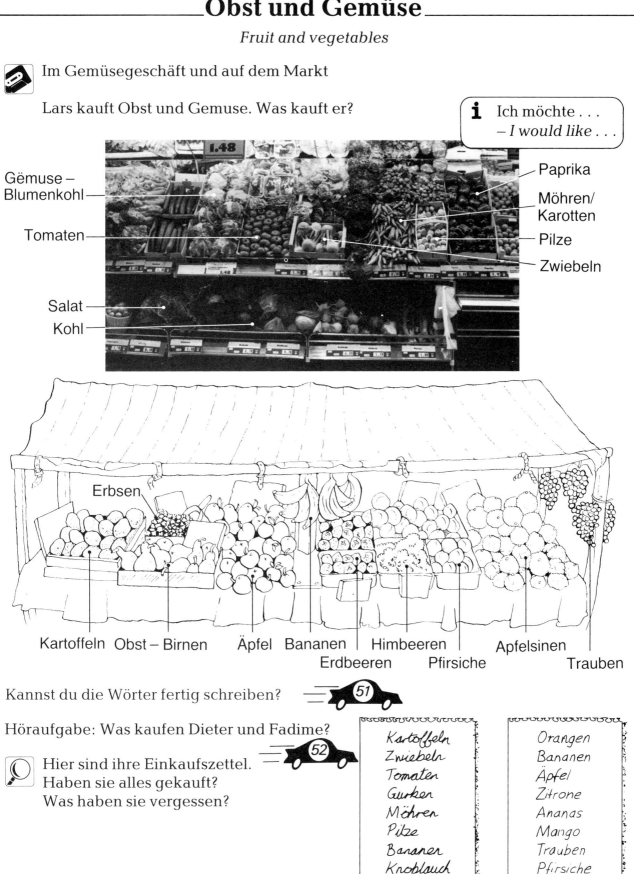

Gëmuse –
Blumenkohl

Tomaten

Salat

Kohl

Paprika

Möhren/
Karotten

Pilze

Zwiebeln

Erbsen

Kartoffeln Obst – Birnen Äpfel Bananen Himbeeren Apfelsinen

Erdbeeren Pfirsiche Trauben

Kannst du die Wörter fertig schreiben? 51

Höraufgabe: Was kaufen Dieter und Fadime? 52

Hier sind ihre Einkaufszettel.
Haben sie alles gekauft?
Was haben sie vergessen?

Kartoffeln	Orangen
Zwiebeln	Bananen
Tomaten	Äpfel
Gurken	Zitrone
Möhren	Ananas
Pilze	Mango
Bananen	Trauben
Knoblauch	Pfirsiche

Im Gemüsegeschäft

At the greengrocer's

Wieviel? *How much?*

> **i** ein Kilo (kg)
> ein halbes Kilo = 1 Pfund
>   = 500 g
> ein halbes Pfund = 250 g

1 Kg Kartoffeln   1 Pfd Äpfel

250 g Kirschen

100 g Bonbons

Höraufgabe: Wieviel haben sie gekauft?

Äpfel   1 kg
Erdbeeren   1 Pfd

Rollenspiel – Beispiel
Hier ist der Einkaufszettel.

Was darf es sein?

Bitte schön.
Noch einen Wunsch?

Ja. Wieviel?

Bitte schön. Das macht 7,80 DM.

Ich möchte ein
Kilo Äpfel.

Haben Sie Erdbeeren?

Ein Pfund bitte.

Ich muß einkaufen. Hier ist der Zettel.
Willst du mir helfen?
Kannst du Obst und Gemüse kaufen?
Weißt du, was du sagen mußt?

Tomaten 1 Pfd
Kartoffeln 5 kg
Zwiebeln 1 Pfd
Knoblauch
Spargel 250 g
Bananen 1 Pfd
Äpfel 1 Pfd
Kopfsalat
Zahnpasta
Waschpulver
Erbsen 1 Pfd

Knoblauch

eine Tube Zahnpasta

Waschpulver

Lebensmittel

Groceries

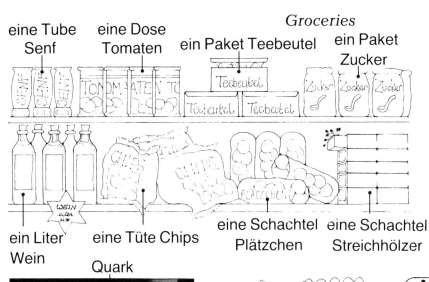

eine Tube Senf
eine Dose Tomaten
ein Paket Teebeutel
ein Paket Zucker
ein Liter Wein
eine Tüte Chips
eine Schachtel Plätzchen
eine Schachtel Streichhölzer

ein Glas Marmelade
ein Pfund Kaffee

Quark

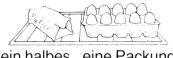

ein halbes Pfund Butter
eine Packung mit zehn Eiern

Joghurt

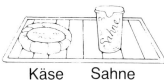

Käse   Sahne

i
ein Liter
eine Tube
eine Dose – *a tin/can*
eine Tüte – *a bag*
eine Schachtel – *a box*
ein Glas – *a jar*
ein Paket
eine Packung

Haben sie richtig gekauft?

Was muß Stefanie kaufen?
Kannst du ihr eine Liste schreiben?

Chips
Schachtel Streichhölzer
Paket Teebeutel
Liter Milch
Kaffee

Zucker
Salz
Tube Zahnpasta
Waschpulver
Joghurt
Pfund Käse
Butter

...ter Milch
...äse
...hokolade
...und Kaffee
...Eier
...asche Weißwein

Butter

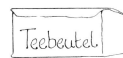
Teebeutel

WASCHPULVER

Zucker

Kannst du die Bilder beschriften?
Was gibt es in dem Einkaufswagen?
Höraufgabe: Wer kauft was?

52

73

Im Lebensmittelgeschäft

At the grocer's

 Rollenspiel – Beispiel
Anke kauft ein.

> Was wünschen Sie?

> Ja, natürlich. Wieviel möchten Sie?

> Haben Sie Edamer Käse?

> Bitte schön. Haben Sie noch einen Wunsch?

> Ein halbes Pfund.

> Ja. Ein Pfund Butter und zehn Eier.

> Sonst noch etwas?

> Nein danke. Das ist alles. Was macht das?

> Zehn Mark fünfzig. Zahlen Sie bitte an der Kasse.

> Wo ist die Kasse?

> Dort drüben. Auf Wiedersehen.

 Wie sagt man auf deutsch . . .?

Here you are.	Anything else?	That's all.
Pay at the till.	Where is the cash desk?	Over there.

 Übe den Dialog mit einem Mitschüler.

Kannst du die Sprechblasen ausfüllen?

Kannst du einen neuen Dialog bilden? Du brauchst:

Höraufgabe: Wer macht was?
Was kaufen Uwe und Michaela?
Was brauchen sie noch?

Rezepte für Kartoffelsalat und Schokoladentorte

Kartoffelsalat

100g Kartoffeln
2 Zwiebeln
6 Eßlöffel Mayonnaise
Schnittlauch
1 Teelöffel Zitronensaft

Kartoffeln kochen. Würfeln.
Zwiebeln würfeln und dazu tun.
Mayonnaise mit Zitronensaft vermischen.
Kartoffeln und Zwiebeln mit Mayonnaise
übergießen und vermischen.
Mit Schnittlauch verschönen.

Schokoladentorte

5 Eier
200g Mehl
250g Zucker
250g Margarine
50g Kakao

Alle Zutaten in eine Schüssel geben.
Mit dem Handrührgerät rühren,
bis der Teig cremig ist.
Teig in eine Springform gießen.
In den Ofen stellen.
60 Minuten backen. > Guten Appetit!

In der Metzgerei, in der Bäckerei

At the butcher's, at the baker's

In der Metzgerei

 Wir haben ein Barbecue.
Marc muß Fleisch kaufen.
Was kauft er?

Schnitzel

Koteletts

Rindfleisch

Aufschnitt

Hammelfleisch

Hackfleisch

Schaschlik

Wurst

Schweinefleisch

Schinken

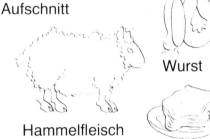

We eat a lot of 'Aufschnitt': cold sliced meat like salami, ham and cooked or smoked sausages.

In der Bäckerei

 Annette kauft Brot.
Was kauft sie?

Vollkornbrot   Schwarzbrot   Weißbrot

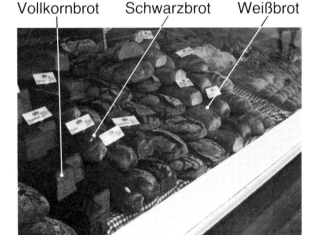

Brezel

Pumpernickel

Brötchen

We eat lots of different bread, mostly brown bread, rye bread, black bread and Pumpernickel.

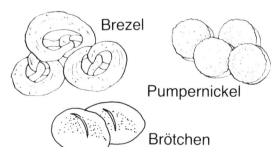

In der Konditorei

 Eva kauft Kuchen.
Was kauft sie?

Käsekuchen

Pflaumentorte

Kaugummi

Schwarzwälder

Bonbons

Gummibärchen

Was kaufen Stefan und Christiane? ___ 53

Kannst du die deutschen Wörter den Bildern zuordnen?
Höraufgabe: In welchem Geschäft sind sie? ___ 54

Einkaufszettel

Shopping lists

 Was kaufen sie?

What is Thomas buying?
And Daniela?
What is on Carsten's list?
What do you think Birgit is going to make?
Where is Petra shopping?
What is on Susi's list?

Thomas
10 Brötchen
1 Weißbrot
1 Pfd Äpfel
1 Pfd Bananen
1 kg Kartoffeln
1 Pfd Zwiebeln

Daniela
10 Eier
1 Liter Milch
250 g Käse
300 g Aufschnitt
(Leberwurst/Salami)
Bonbons
Kaugummi
6 Tüten Chips
1 Flasche Ketchup

Carsten
1 Weißbrot
1 Schwarzbrot
300 g Aufschnitt
(nach Wunsch)
1 Pfd Kaffee
1 Paket Zucker
1 Flasche Rotwein

Birgit
Mehl
Zucker
½ Pfd Butter
Schokoladen-
    streusel
10 Eier
Kakao
Schokolade
Sahne
Kirschen

Susi
Bonbons (für Vati)
Gummibärchen
(für mich)
Kaugummi
(für Hans)
Schachtel Pralinen
(für Muttis
Geburtstag)

Petra
1 Pfd Häckfleisch
5 Koteletts
500 g Schinken
1 kg Rindfleisch
gefrorenes
Hähnchen (2 kg)

Wir bereiten das Essen heute.
Was brauchen wir?
Kannst du eine Liste schreiben?

Höraufgabe: Was kauft Alexander? Was wird er machen?

Gruppenarbeit 1  Wer kauft was?

Who will buy what?

Ihr müßt Obst, Gemüse, Fleisch, Brot, Kuchen, Lebensmittel
usw. kaufen.
Ihr wollt euch die Arbeit teilen.
In welches Geschäft gehst du?
Was willst du kaufen? Schreibe eine Liste.

Beispiel

> Ich kaufe Obst und Gemüse.
> Wer braucht frisches Obst und Gemüse?

> Ich kaufe Lebensmittel.
> Wer braucht Lebensmittel?

> Ich brauche noch Fleisch und Wurst.
> Wer geht in die Metzgerei?

> Wer kann Kaugummi kaufen?

> Ich. Ich gehe in eine Konditorei.

 Kannst du die Gegenstände in 4 Gruppen teilen?

Kaffee 1 Pfd Erdbeermarmelade Äpfel 1 kg Ananas (1) Butter 250 g Käse 500 g Kaugummi 6 Brötchen	Brot (2) Honig Apfelsinen 1 kg Bananen (6) Käse 500 g Gummibärchen Milch 1 Liter Aufschnitt 250 g	Äpfel 1 Pfd Kiwis 5 Erdbeere ½ Pfd Wurst 1 Pfd 1 Schwarzbrot Käsekuchen 4 St. Joghurt 6	6 Schnitzel 1 Vollkornbrot Apfelsinen 1 kg Zitronen 3 250 g Aufschnitt Tomaten 1 Pfd Plätzchen Bonbons 250 g Salat Zahnpasta

 Your teacher will give you a list of things you need to buy. Work
with your group to divide the shopping into four lists and decide
who will buy what.

Deutches Geld

German money

die Münzen – *the coins*
'Pfennig' is often written Pf or Pfg.
'Mark' is written 1 DM=*1 Deutschmark*.
10 Pfennig is also called 'ein Groschen'.

Höraufgabe: Wieviel Geld haben wir? 55

die Scheine – *the notes*

> **i**
> 40 vierzig
> 50 fünfzig
> 60 sechzig
> 70 siebzig
> 80 achtzig
> 90 neunzig
> 100 hundert

 Peter kauft Briefmarken.

> **i** eine Briefmarke
> – *a stamp*

Ich möchte eine Briefmarke
für einen Brief nach England.

Achtzig Pfennig.

Und für eine Postkarte.

Sechzig Pfennig.
Ist das alles?

Ja. Was macht das?

Eine Mark vierzig, bitte.

Höraufgabe: Was für Briefmarken kaufen
wir? 55

Sparschwein

Piggy bank

Wieviel haben sie gespart?

Hans

Jens

Ilse

Silke

Hannelore

Thomas

 **Falsch oder richtig?**
Hans hat 56,50 DM.   Thomas hat 42,50 DM.
Ilse hat 45,75 DM.   Silke hat 37,25 DM.
Jens hat 4,75 DM.   Hannelore hat 45,75 DM.

Höraufgabe: Wieviel haben sie gespart?
Was machen sie damit?

ein BMX Rad

Platten

einen Cassettenrecorder

Bücher   Schreibwaren

ein Etui

Farbstifte

Bonbons

einen Kuli

Ich kaufe Zeitschriften.

Und du? Sparst du?
Hast du einen Sparschwein?
Wieviel hast du gespart?
Was machst du damit?

Ich spare es für
die Ferien.

79

Roleplay

It is a hot sunny day.
This afternoon you have been invited to go to the swimming pool with your pen friend and two other members of the class. They are in school until one o'clock today and they would like you to do the shopping for a picnic lunch.

Hier ist die Einkaufsliste!
Ihr seid zu viert.

Brot oder Brötchen
Aufschnitt ca. 400 g.
Käse 4 Scheiben
(Emmentaler oder Gruyère)
1 Pfd Tomaten
Obst z.B. Äpfel/Pfirsiche
Cola/Fanta
Kekse/Kuchen

Also, zuerst das Brot!

Guten Tag! Ich möchte . . .

Bitte schön. . . . DM.

Haben Sie . . .

Ja. Wieviel?

. . . bitte. Was macht das?

. . . DM. Danke schön.

Bitte.

. . . Und jetzt Fleisch und Käse.

Was wünschen Sie?

Bitte schön. Haben Sie noch einen Wunsch?

Haben Sie . . .?

Nein. Es tut mir leid, aber wir haben . . .

Ich nehme . . . .
Was macht das?

. . . DM. Zahlen Sie bitte an der Kasse.

Übe den Dialog mit einem Mitschüler. 56

Was brauchst du noch? Obst und . . .?
Könnt ihr Dialoge bilden?

Suchspiel 56

80

Höraufgaben und Rezepte

Listening exercises and recipes

 Wo sind sie?

auf der Straße

im Schulhof

im Geschäft

am Bahnhof

im Café

im Hallenbad

 In welchem Geschäft sind sie?

Metzgerei	Bäckerei	Gemüsegeschäft	Postamt
Lebensmittel	Apotheke	Konditorei	Süssigkeiten

 Kannst du Käsetoast machen?

Käsetoast

Auflauf für 4 Personen

Du brauchst dazu:
8 Scheiben Toast
8 Scheiben Schweizer Käse
3 Eier
¼ Liter Milch
Salz, Pfeffer, Schnittlauch

Backofen vorheizen auf 200°.
Auflaufform ausfetten.
Scheiben hineinlegen: Brot/Käse/Brot/Käse usw.
Eier und Milch mit einem Schneebesen verquirlen.
Mit Salz und Pfeffer würzen.
Im Backofen 30 Minuten lassen.
Mit Schnittlauch bestreuen.
Heiß servieren.

  Kannst du ein Rezept für Rührei schreiben?

Eßlöffel Wasser oder Milch
2 Eier
1 Prise Salz
1 Eßlöffel Margarine oder Butter
Schnittlauch

Eiermischung in die Pfanne gießen.
Die Margarine in die Pfanne geben.
Hitze auf groß stellen – Stufe drei.
Auf einem Butterbrot servieren.
Mit Schnittlauch bestreuen.
Mit einem Prise Salz würzen.
Eier aufschlagen und mit Milch verquirlen.
Hitze auf klein stellen – Stufe 1.
Mit dem Pfannenwender umwenden bis es fest, aber noch feucht ist.

Die Stadt

The town

We are going to take you round the town and show you some more buildings and the pedestrian area (Fußgängerzone) and the places we go to. We will show you how to find your way around and how to ask for help when you need it.
There is a mini test at the end of this unit.

Wie heißen die Gebäude auf englisch?
Kannst du die Liste im Arbeitsbuch ——
fertig machen?

einen Supermarkt

einen Park

ein Postamt

ein Hallenbad

Gaststätten, Kneipen und Geschäfte

eine Kirche

ein Kino

ein Theater

die Feuerwehr   einen Marktplatz   einen Bahnhof

ein Freibad

Höraufgabe: Annette und Lothar erzählen euch über die Gebäude in unserer Stadt.
Was vergißt Annette und was vergißt Lothar?

 Was vergißt Sascha?

In unserer Stadt gibt es ein Rathaus, ein Krankenhaus, ein Postamt, ein Bahnhof, ein Busbahnhof, ein Hallenbad, viele Gaststätten und Restaurants, ein Pizzeria, eine Polizeiwache, eine Kirche . . .

ein
Stadtmuseum

ein Hotel

In the street

eine Tankstelle

eine Autobahn

eine Brücke

eine Ampel

eine Haltestelle

eine Jugendherberge

einen Gasthof

ein Kaufhaus

die Polizeiwache

ein Krankenhaus

 Welches Symbol gehört zu welchem Gebäude?

ein altes Rathaus und ein neues Rathaus

Höraufgabe: Mein Schulweg.
Welche Gebäude nennen sie?

Der, die oder das: Fülle die Tabelle aus:
schreibe die Worte in die richtige Spalte.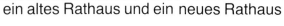

der	die	das
der Bahnhof	*die Kirche*	*das Rathaus*

 Kannst du einen Plan von deiner
Stadt zeichnen?

Unit 8
Ein Stadtplan

A town plan

 Kannst du die Gebäude finden?

Wo ist das Postamt?

In der . . . straße.

Und wo ist das Rathaus?

Am Marktplatz.

Wo ist der Busbahnhof?

Am Bahnhofsplatz.

Wo liegt das Freibad?

An der Rheinuferallee.

Wo ist das Krankenhaus?

Gegenüber dem Freibad.

 der Campingplatz

 der Bahnhof (Deutsche Bundesbahn)

 die Sparkasse/die Bank

 die Toiletten

 das Restaurant

 die Jugendherberge

 der Park

 das Café

 der Parkplatz

 das Auskunftsbüro

 das Postamt

 das Krankenhaus

 Was würdest du fragen?
Wo ist . . .?

 1

 2

 3

 4

 5

 6

 7

 8

 9

 10

Höraufgabe: Wo ist der Busbahnhof?

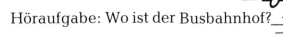

84

Partnerarbeit 5 👥 Wo ist das Krankenhaus?

Where is the hospital?

Beispiel   Partner A   Partner B

Wo ist die Kirche?

D2 – in der Weststraße.
Wo ist das Krankenhaus?

G8 – in der Villigsterstraße.
Wo liegt der botanische Garten?

C4 – in der Poststraße.
Wo ist der Busbahnhof?

Das weiß ich auch nicht.
Wo ist die Schule?

Wo befinden sich die Kirche,
der Bahnhof, das Krankenhaus,
das Auskunftsbüro, die Toiletten,
das Café, die Schule, der Busbahnhof . . .?

Key

🏃 Schule		DB Bahnhof	
☕ Café		P Parkplatz	
🌿 Bot. Garten		i Auskunftsbüro	
🏔 Hallenbad		WC Toiletten	
🎞 Kino		✚ Krankenhaus	
🏠 Kirche		👀 Theater	
🍽 Post		🚌 Busbahnhof	
🍝 Pizzeria			

Hör zu: Kannst du den Plan ausfüllen?

Was würdest du sagen?
Wo befinden sich die Kirche,
der Bahnhof, die Brücke,
das Theater,
das Kino, das Museum usw?

Your teacher will give you a plan
with some of the buildings marked.
Your partner knows where most of the
others are, but one of them you will have
to work out. Can you complete your plan?

Nützliche Redewendungen

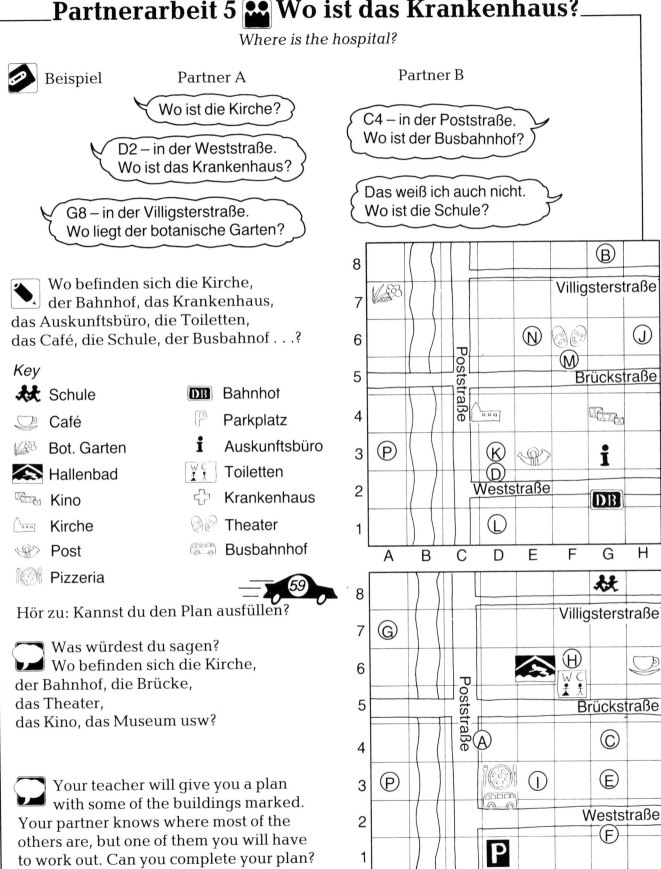

Richtungen

Directions

links   geradeaus   rechts

die zweite Straße links 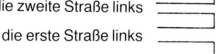 die zweite Straße rechts

die erste Straße links   die erste Straße rechts

Ich bin hier. Ich nehme . . .

Ich gehe . . .

über die Brücke   über die Kreuzung   über die Ampel

 Siehe den Plan an. Wohin gehe ich?

Ich gehe geradeaus und nehme
die erste Straße links.
Was ist auf der rechten Seite?

Ich nehme die zweite Straße rechts.
Was ist auf der rechten Seite?

Ich nehme die dritte Straße links.
Was ist auf der linken Seite?
Und auf der rechten Seite?

Ich nehme die erste Straße rechts,
gehe über die Ampel und dann links.
Was ist auf der linken Seite?

Ich gehe rechts in die Grünstraße,
dann links die Bahnhofstraße entlang,
über die Brücke und rechts.
Wohin gehe ich?

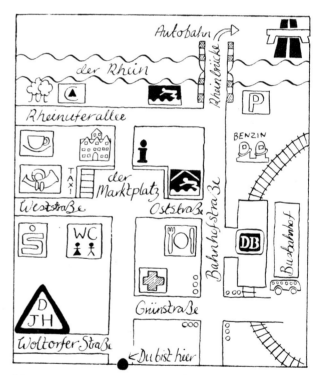

 Richtig oder falsch?
Haben sie den Weg richtig erklärt?

Höraufgabe: Im Auskunftsbüro.
Wohin gehen sie?
Kannst du das geeignete Symbol auf
den Plan zeichnen?

Key

 der Campingplatz   der Park

 der Bahnhof   das Café

die Sparkasse/
die Bank   der Parkplatz

die Toiletten   das Auskunftsbüro

das Restaurant   das Postamt

die Jugendherberge   das Krankenhaus

Wie komme ich . . .?

What's the way to . . .?

Wie komme ich am besten zum Bahnhof?

Wie komme ich am besten zur Schule?

zum Parkplatz

zum Krankenhaus

zur Ampel

zum Schwimmbad

zum Campingplatz

zur Toilette

zur Autobahn

zur Brücke

Schreib eine Liste auf!
Worte mit 'zum' und Worte mit 'zur'.
Kannst du eine Regel finden?

zum	zur
Bahnhof	Schule

 Kannst du die Fragen bilden?
'Zum' oder 'zur'?

. . . Bahnhof?

. . . Post?

. . . Autobahn?

. . . Krankenhaus?

. . . Apotheke?

Wie komme ich am besten

. . . Bank?

. . . Schwimmbad?

. . . Marktplatz?

 Kannst du mehr herausfinden?
. . . Gasthaus, . . . Tankstelle usw.

Wohin gehst du?

Where are you going?

Was würdest du sagen?
Wohin gehst du?

Du möchtest schwimmen gehen.
Du möchtest Kaffee trinken.
Du möchtest eine Briefmarke kaufen.
Du hast dir einen Arm gebrochen.
Du hast Hunger.
Du brauchst Informationen und einen Stadtplan.
Du möchtest hier campen.
Du hast Kopfschmerzen und möchtest Aspirin kaufen.
Dein Vater braucht Benzin für das Auto.
Dein kleiner Bruder will pinkeln.

Krankenhaus.

Toilette.

Post.

Café.

Restaurant.

Zur

Apotheke.

Tankstelle.

Zum

Campingplatz.

Schwimmbad.

Höraufgabe: Wo wollen sie hin? Und wohin gehen sie? 60

Bahnhof

Autobahn →

Busbahnhof

W C

P

Du bist hier →

Partnerarbeit 6 Kannst du den Weg erklären?

Can you explain the way?

 Beispiel   Partner A

Partner B

> Wie komme ich am besten zur Post?

> Du gehst geradeaus bis zur Ampel.
> Du nimmst die erste Straße links.
> Du gehst die Bahnhofstraße entlang,
> über die Brücke und die Post ist auf
> der linken Seite.

> Wie komme ich am besten zum Campingplatz?

> Du nimmst die nächste Straße rechts,
> und gehst geradeaus bis zur Kreuzung.
> An der Kreuzung gehst du links in
> die Grünstraße und du nimmst
> die zweite Straße rechts.

Wie kommst du zur Post, zur Schule,
zur Bushaltestelle, zur Apotheke?
Kannst du die Richtungen aufschreiben?
Du brauchst Papier und einen Kuli.

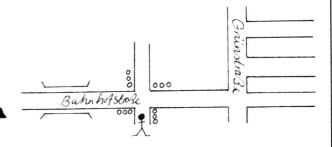

Was würdest du sagen?

Du gehst

Du nimmst

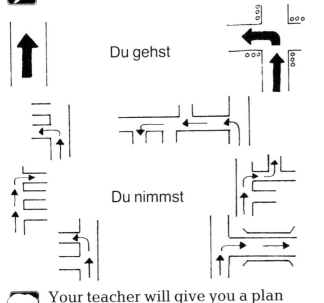

Kannst du Alexanders Schulweg
beschreiben?
Wie kommt er zur Schule?

> **i** Er geht . . .
> – *He goes . . .*

Your teacher will give you a plan
with some places marked on it.
Can you answer your partner's questions?
Can he or she answer yours?

89

Signs

 Can you work out what all the signs mean?

1 exit
2 entrance
3 town centre
4 car park
5 coach park
6 Rhine bridge
7 Underground (Railway)
8 Suburban Railway
9 playground
10 Police
11 Fire Brigade
12 bus stop
13 tram stop
14 airport
15 Post Office
16 school crossing patrol
17 hospital
18 restaurant
19 pedestrian area

a

b

c

d

e

f

g

h

i

j

o

p

l

m

n

q

r

s

die Toilette

Ich muß auf die Toilette!

Was ist auf den Schildern geschrieben?  61

90

Mit dem Bus oder mit der Straßenbahn?

By bus or by tram?

Hör zu!

> Wie komme ich am besten in die Stadt? Ist es weit?

> Ja. Eine halbe Stunde zu Fuß. Am besten fährst du mit dem Bus.

> Wie komme ich am besten zum Kino?

> Du gehst geradeaus bis zur Ampel, dann links.

> Ist es weit?

> Nein, gar nicht weit. Fünf Minuten zu Fuß.

> Wie komme ich am besten zum Bahnhof?

> Der Bahnhof? Am besten fährst du mit der Straßenbahn. Die Haltestelle ist dort drüben, Linie 5.

Kannst du die Lücken ausfüllen?
Höraufgabe: Wie kommst du zur Schule?

62

Sprachprogramm
Kannst du Dialoge bilden?

Übe mit einem Mitschüler.

> Entschuldigen Sie bitte!/Entschuldigung!
> Wie komme ich am besten zum . . .?
> zur . . .?

> Sie gehen hier geradeaus.
> links.
> bis zur Ampel.
> die Hauptstraße entlang.
> über die Brücke.
>
> Sie nehmen die erste Straße . . .

> Es tut mir leid.
> Ich weiß es nicht.

> Ist es weit?

> Nein. Fünf Minuten zu Fuß.
> Zehn Minuten zu Fuß.

> Ja. Fahren Sie mit dem Bus.
> Fahren Sie mit der Straßenbahn.

> Vielen Dank. Auf Wiedersehen!

> Nichts zu danken. Auf Wiedersehen.

> **i** Ist es weit?
> – *Is it far?*

91

Was machst du heute?

What are you doing today?

 Hör zu.

Where is he going?

Was machst du heute?

Ich möchte in die Stadt fahren, wenn das geht.

Ja. Am besten fährst du mit dem Bus oder mit der Straßenbahn.

How?

Welche Linie?

Which?

Zwölf oder fünfzehn.

Wo ist die Haltestelle?

Where is the stop?

In der Hauptstraße, gegenüber der Post.

Wie oft fährt der Bus?

How frequently?

Alle zehn Minuten.

Wieviel kostet es?

How much?

Achtzig Pfennig, aber am besten kaufst du eine 5er Karte zu 3 DM. Das ist billiger.

 What does she advise?

  Übe den Dialog mit einem Mitschüler.

Wie sagt man . . .?

(in)to town
today
Which bus?
the bus stop
on the main street
opposite
How much?
a ticket strip
cheaper
cancel (your ticket)

You usually have to cancel your ticket yourself, where you see this sign:

FAHRKARTEN HIER ENTWERTEN

Gruppenarbeit 2 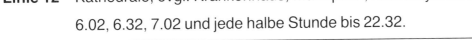 Wann treffen

When are we meeting?

Wann fährt der nächste Bus? Es ist jetzt 14.10.

Beispiel

> Ich möchte in die Stadt fahren.
> Welche Linie fährt zum Marktplatz?
> Wann fährt der nächste Bus?

Linie 2	Hallenbad, Bahnhof, Marktplatz, Stadion. 7.27, 7.47, 8.07, 8.27 und alle 20 Minuten bis 22.27.
Linie 5	Rheinbrücke, Botanischer Garten, Adenauerplatz, Marktplatz. 8.15, 9.15, 10.15 und jede Stunde bis 21.15.
Linie 12	Kathedrale, evgl. Krankenhaus, Marktplatz, Kennedybrücke. 6.02, 6.32, 7.02 und jede halbe Stunde bis 22.32.

 Kannst du ihnen helfen?

> Ich möchte zum Stadion. Welche Linie fährt dahin?
> Wann fährt der nächste Bus?

> Ich muß zum Krankenhaus. Welche Linie fährt zum Krankenhaus?
> Wann fährt der nächste Bus?

> Ich muß gegen 16 Uhr am Bahnhof sein.
> Es ist zwanzig Minuten von hier mit dem Bus.
> Mit welchem Bus muß ich fahren?

> Heute Nachmittag gehen wir schwimmen.
> Wie komme ich am besten zum Hallenbad?

> Heute Abend gibt es ein Konzert im Jungendklub am Adenauerplatz.
> Wie komme ich dorthin?

Nützliche Redewendungen Wer hat den Fahrplan für Linie 6? Wann fährt die Linie 5? Wie oft fährt die Linie 2? Am besten fährst du mit der Linie . . .	Your teacher will give you a timetable. Can you answer some of your group's questions? Can they answer yours? Höraufgabe: Wann fährt die Straßenbahn? Suchspiel

Here is a practice reading test.

1 Lesetest

What does Iris look like? (3 things)
What are her hobbies? (3 things)
Has she got a pet?

Schwerte, den 18.6.

Liebe Sandra!

Ich heiße Iris und bin 13 Jahre alt. Ich gehe in die 7. Klasse der Wilhelm - Busch Realschule. Ich habe zwei Brüder: Jörg ist 14 und Bernd ist 21 Jahre alt. Wir wohnen in einem Reihenhaus, wir haben auch einen Garten. Ich habe einen kleinen niedlichen Goldhamster mit dem Namen Bömmel. Ich bin groß und habe blonde Haare und grün - blaue Augen. Meine Hobbys sind lesen (ich lese Mädchenbücher), Popmusik hören z.B. a-ha, Roll- schuhlaufen und schwimmen. Ich gehe in einen Leichtathletik club. Wie ist es bei Dir? Wie und wo lebst Du?

Schreib mir bitte zurück,
Deine
Iris

Schwerte, den 18.6.

Lieber Peter!
ich heiße Alexander und will Dein Brieffreund sein. Meine Hobbys sind Computer, Tischtennis, lesen, und Minigolf. Ich habe eine kleine Schwester, die mich sehr nervt. Ich habe einen kleinen Hund. Er ist schwarz mit hellbraunem Fell. Meine Mutter ist so groß wie ich. Mein Vater ist groß und auch ein Computer-Fan wie ich. Ich bin 13 Jahre alt. Ich habe am 26.2. Geburtstag. Ich sammle Briefmarken. Ich gehe in die 7a der Wilhelm-Busch Realschule. In welche Klasse gehst Du? Schreib mir bitte wieder!
Tschuß
Dein Alexander

What are Alexander's hobbies?
(5 things)
What do you know about his parents? (3 things)
What does his dog look like?

Who has a sister?
Who lives in a terraced house?

Kannst du eine Klassenbuchseite ausfüllen?  64

Mini-test ■ Sprachtest und Rollenspiel

2   Sprachtest

Kannst du die Fragen immer noch beantworten?

Wie heißt du?

Hast du ein Haustier?

Wie alt bist du?

Wo wohnst du?

Wann hast du Geburtstag?

Welchen Tag haben wir heute?

Hast du Geschwister?

Wie ist das Wetter heute?

Kannst du deinen Freund bzw. deine Freundin beschreiben?

Rollenspiel 1

You want to make an English type salad for your pen friend's
family for tea. You would like to buy the things you need.
Here are some suggestions. You might like to include some other things.

a lettuce,   some tomatoes,   some spring onions,   a cucumber,

some cheese or some eggs.

You are not expected to know the German words for everything.
Improvise!
Your teacher will play the part of the shopkeeper.

Rollenspiel 2

You are in the chemist's. You have a sore throat and a cough.
You think you probably have a temperature too. Explain
what you need. Your teacher will take the part of the chemist.

Rollenspiel 3

Your friend's pen friend wants you to go with them to the
swimming baths tonight. You don't really want to go.
There is a good film on television tonight at eight o'clock!
Make your excuses.

Was hat Peter in seinem Zimmer?

64

Das Essen

Food

This unit is about meals in a German household, what we eat and drink and how to say what you might need if you are staying with a German family.

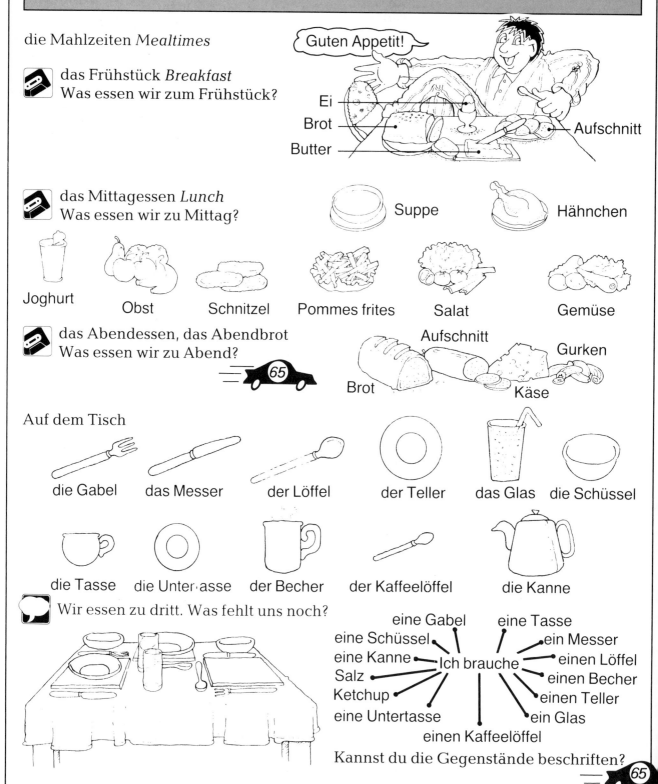

die Mahlzeiten *Mealtimes*

das Frühstück *Breakfast*
Was essen wir zum Frühstück?

Guten Appetit!

Ei
Brot
Butter
Aufschnitt

das Mittagessen *Lunch*
Was essen wir zu Mittag?

Suppe   Hähnchen

Joghurt   Obst   Schnitzel   Pommes frites   Salat   Gemüse

das Abendessen, das Abendbrot
Was essen wir zu Abend?

65

Aufschnitt
Gurken
Brot   Käse

Auf dem Tisch

die Gabel   das Messer   der Löffel   der Teller   das Glas   die Schüssel

die Tasse   die Unter·asse   der Becher   der Kaffeelöffel   die Kanne

Wir essen zu dritt. Was fehlt uns noch?

eine Gabel   eine Tasse
eine Schüssel   ein Messer
eine Kanne   Ich brauche   einen Löffel
Salz   einen Becher
Ketchup   einen Teller
eine Untertasse   ein Glas
          einen Kaffeelöffel

Kannst du die Gegenstände beschriften?

65

Zum Frühstück

For breakfast

Was ißt du zum Frühstück?

What does Cornelia drink?

> *Ich esse Cornflakes mit Milch und Zucker,*
> *Brot mit Aufschnitt, und wenn die Zeit dazu reicht,*
> *ein Ei und Toast. Ich trinke Milch oder Schokolade.*

Does Bruno eat Muesli?

> *Ich esse ein Käsebrot oder so etwas,*
> *meistens noch ein Brot mit Nutella,*
> *und dazu trinke ich Kaffe.*

Does Guido eat cornflakes?

> *Ich trinke ein Glas Sprudel. Sonst nichts.*
> *Ich habe keine Zeit. Ich stehe immer spät auf!*

And Gudrun?
Who does eat cornflakes?

> *Ich esse nichts. Meine Mutter macht mir*
> *ein Butterbrot für die Pause.*
> *Ich trinke Kaffee oder Milch, und ab und zu Orangensaft,*
> *wenn welcher auf dem Tisch steht.*

Höraufgabe: Was essen wir? Wir haben eine Umfrage gemacht.
Hier sind die Ergebnisse unserer Umfrage. 65

Und du?

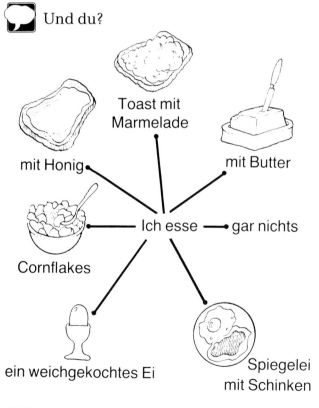

Mache eine Umfrage in deiner Klasse.

> Was ißt du zum Frühstück?
> Was trinkst du zum Frühstück?

Was ißt man zu Mittag heute?

What are we having for lunch today?

🔍 Rate mal was das alles ist!
Dann kannst du dir Menüs zusammenstellen.
Was würdest du gern essen?

Montag
Tagesuppe:
Gemüsesuppe
Ungarisches Gulasch
Klöße
Bohnensalat
Obsttorte

Dienstag
Tagesuppe:
Hühnerbrühe
Wiener Schnitzel
Salzkartoffeln
Salat
Obst

Mittwoch
Tagesuppe:
Ochsenschwanzsuppe
Koteletts
Pommes frites
Erbsen u. Möhren
Eis

Donnerstag
Tagesuppe:
Spargelcremsuppe
Schweinebraten
Salzkartoffeln
Rotkraut
Quark

Freitag
Tagesuppe:
Tomatensuppe
Rinderbraten
Bratkartoffeln
Sauerkraut
Pudding mit
Himbeersoße

ℹ️ Wiener Schnitzel – *Viennese schnitzel* – is served
fried in breadcrumbs and with a slice of lemon.
Sauerkraut is *pickled cabbage.*
Salzkartoffeln are *boiled potatoes.*
Soße – *sauce* – can be sweet, like vanilla sauce,
or gravy!
Quark is a type of *curd cheese.*
Pudding is *custard*!

Beim Mittagessen zu Hause

Having lunch at home

Das Essen ist fertig! Kommt, setzt euch! Guten Appetit!

Guten Appetit!

Ißt du gern Schnitzel, John?

Ja, gerne.

Was möchtest du dazu?

Ich esse gern Pommes und Salat.

Was trinkst du dazu?

Sprudel.

Mit Geschmack oder ohne?

Limo, bitte.

> **i** Sprudel – *mineral water.*
> Hat es geschmeckt? –
>   *Did you like it?*
> Ich bin satt. – *I am satisfied/full.*

 What did John have to eat and drink? Did he enjoy it?

Hat es geschmeckt?

Es war lecker.

Möchtest du noch ein Schnitzel?

Nein, danke. Ich bin satt.

Höraufgabe: Was gibt es zu essen bei der Familie Klein?

 Und bei dir? Richtig oder falsch?

Man ißt Spiegelei und Speck jeden Tag zum Frühstück.
Zu Mittag ißt man Fischstäbchen, grüne Erbsen und Pommes.
Zu Abend ißt man nur Fisch und Pommes.
Man trinkt nur Tee mit Milch.
Am Sonntag ißt man Rostbeef mit Bratkartoffeln.
Man ißt viele Kuchen und Plätzchen.

Don't say 'Ich bin voll'. 'Voll' usually does mean *full*, but in this expression it has a different meaning!

Ich bin voll.

Was ißt du gern?

What do you like to eat?

Höraufgabe: Was essen sie gern und was essen sie nicht so gern?

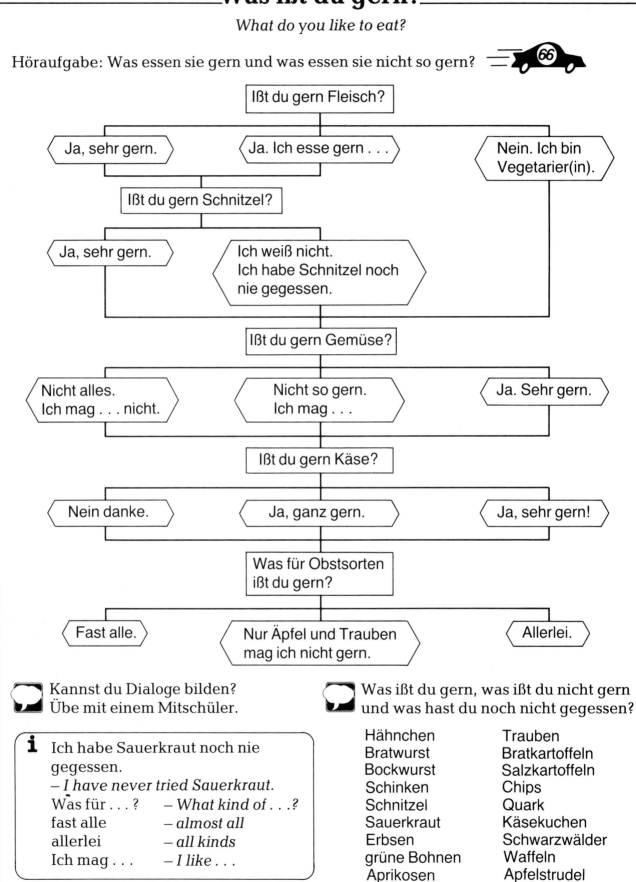

Ißt du gern Fleisch?

- Ja, sehr gern.
- Ja. Ich esse gern . . .
- Nein. Ich bin Vegetarier(in).

Ißt du gern Schnitzel?

- Ja, sehr gern.
- Ich weiß nicht. Ich habe Schnitzel noch nie gegessen.

Ißt du gern Gemüse?

- Nicht alles. Ich mag . . . nicht.
- Nicht so gern. Ich mag . . .
- Ja. Sehr gern.

Ißt du gern Käse?

- Nein danke.
- Ja, ganz gern.
- Ja, sehr gern!

Was für Obstsorten ißt du gern?

- Fast alle.
- Nur Äpfel und Trauben mag ich nicht gern.
- Allerlei.

Kannst du Dialoge bilden?
Übe mit einem Mitschüler.

Was ißt du gern, was ißt du nicht gern und was hast du noch nicht gegessen?

i Ich habe Sauerkraut noch nie gegessen.
– *I have never tried Sauerkraut.*
Was für . . . ? – *What kind of . . . ?*
fast alle – *almost all*
allerlei – *all kinds*
Ich mag . . . – *I like . . .*

Hähnchen	Trauben
Bratwurst	Bratkartoffeln
Bockwurst	Salzkartoffeln
Schinken	Chips
Schnitzel	Quark
Sauerkraut	Käsekuchen
Erbsen	Schwarzwälder
grüne Bohnen	Waffeln
Aprikosen	Apfelstrudel

Ein Fragebogen

A questionnaire

Was magst du lieber?
Was für eine Person bist du?

Beantworte die Fragen, aber . . .
es ist nicht ernst gemeint!

1	Was ißt du lieber:	a	Fleisch	b	Käse?
2	Was ißt du lieber:	a	Kuchen	b	Brot?
3	"	a	Bananen	b	Apfelsinen?
4	"	a	Schokoladentorte	b	Obsttorte?
5	"	a	Bonbons	b	Obst?
6	Trinkst du lieber	a	Milch	b	Kaffee?
7	"	a	Fruchtsaft	b	Cola?
8	Spielst du lieber	a	Volleyball	b	Karten?
9	"	a	Tennis	b	Tischtennis?
10	Liest du lieber	a	Bücher	b	Comics?
11	Hörst du lieber	a	Popmusik	b	Klaviermusik?
12	Gehst du lieber	a	in die Disco	b	zum Freibad?
13	Du siehst fern: siehst du lieber	a	das 1. Programm	b	das 2. Programm?
14	Was kannst du nicht leiden:	a	Sport	b	Faulenzen?
15	Wann gehst du zu Bett:	a	nach 10	b	vor 10?

Fragen 1–5 und 11–15:
    a zwei Punkte
    b ein Punkt

Fragen 6–10:
    a ein Punkt
    b zwei Punkte

30 Punkte: Du bist dick und faul.
24–29:   Faul, aber gar nicht dumm!
18–23:   Gesund und intelligent.
15–17:   Gesund und sportlich.
0–14:   Unentschlossen.

> **i** faul – *lazy*
> gesund – *healthy*
> dumm – *stupid*
> unentschlossen – *uncertain*

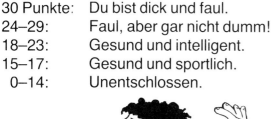
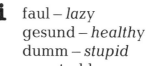

 Kannst du eine Umfrage machen?
z.B. Welche Sendung siehst du lieber: Dallas oder Coronation Street?

Könntest du einen besseren Fragebogen machen?

My day

 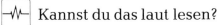 Kannst du das laut lesen?

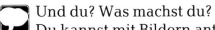 Und du? Was machst du?
Du kannst mit Bildern antworten, wenn du willst.

 Wann stehst du auf? Um . . .
Was ißt du zum Frühstück?
Was trinkst du?
Was ißt und trinkst du zu Mittag?
Was ißt du zum englischen 'Tea'?
Was ißt du zu Abend?
Wann gehst du zu Bett?

  Wortsuppe
Wieviele Wörter kannst du
aus der Suppe bilden?

Michael hat seine Antworte getippt.
Annette und Timm haben verschlüsselt
geschrieben.

By now you should be able to

. . . introduce yourself:

Say and spell your name.
Say how old you are and when your birthday is.
Say where you are from and explain where it is.
Say something about your family and pets.
Say what you like and dislike doing.
Say something about your house and your room.
Say what you like and dislike eating.
Explain what is wrong if you don't feel well.

. . . deal with language problems:

Say you don't understand.
Say you don't know something.
Say you're sorry.
Explain that you are not German.
Ask someone to repeat what he or she has said.
Ask someone to talk more slowly.
Ask what the German word for something is.

. . . and you should know:

the numbers to 100.
the days and the months.
how to ask and tell the time.
how to ask for something in a shop.
how to ask for and give directions.
how to ask the best way to get somewhere.
how to ask for things at the meal table.

In the next unit you will learn:

how to buy yourself a snack or a meal out.

If you can tick every box (Arbeitsbuch Seite 68) you are ready to
go on to pages 104 and 105.
If you can't . . . then you need to do some revision!

Klassenbuch

Wo kann man hier essen?

Where can you eat here?

In this unit we are going to tell you about eating out in Germany – what you are likely to be offered and how to ask for what you want. At the end of this unit there is a final test for you to see how well you have remembered everything you have learned.

 Most of the names are easy to recognise . . .

Pommesbude
 **=BAR=**
 RESTAURANT

CAFÉ
 *Pizzeria*

but some are not quite so easy!
What do you think these mean?

 SCHNELLIMBISS
 CAFE Konditorei
 Wirtschaft

 =Balkan= =Grill=
 GASTSTÄTTE Zur Bavaria
SELBSTBEDIENUNG

 Wo könnte man folgendes kaufen?
Where do you think you could get these?

Kannst du die Schilder lesen?
Höraufgabe: Wie heißen wir? Wo essen wir gern?

104

Im Restaurant und im Café

At the restaurant and the café

 These are some of the phrases used in cafés and restaurants.
Can you work out what they mean?

Make a list of phrases you think it would be useful to know.

 Can you . . .?
Call the waiter/waitress.
Ask for the menu.
Ask for a cup of coffee.
Ask for the bill.
Say you would like an ice cream.

Höraufgabe: Was sagen sie?

105

Unit 10
Im Restaurant

At the restaurant

 Hör zu!

Entschuldigung. Ist hier noch frei?

Ja, bitte schön. Hier ist die Speisekarte. Was wünschen Sie?

Ich möchte einmal Wienerschnitzel mit Pommes und Erbsen.

Was trinken Sie?

Eine Cola, bitte.

Bitte schön. Und als Nachtisch?

Haben Sie ein Obstsalat?

Nein, es tut mir leid. Aber der Apfelstrudel ist sehr gut.

Was ist das?

Äpfel mit Rosinen und Zimt in Blätterteig gebacken. Hier sehen Sie.

Das sieht gut aus. Den probiere ich.

Mit Sahne?

Nein danke.

Zahlen, bitte.

Bitte schön. Zahlen Sie bitte an der Kasse.

½ HÄHNCHEN	DM15,00
Pommes, Salat	
WIENERSCHNITZEL	DM20,00
Pommes frites, Erbsen	
EISBEIN	DM14,00
Salzkartoffeln, Rotkraut	
SCHWEINEKOTELETTS	DM15,50
Salzkartoffeln, Salat	
STEAK TOAST	DM10,00
Rindsfilet garniert	
2 PAAR BRATWÜRSTE	DM 4,50
Brötchen, Senf	
HAUSTOAST	DM 7,50
Champignons, Schinken, Käse	
TOAST "MADAGASKAR"	DM 8,00
Schweinslendensteak, grüner Pfeffer,	
Zwiebeln und Senf	DM 5,00
HAWAII TOAST	
Schinken, Käse, Ananas	DM 4,50
SCHINKEN-KÄSE-TOAST	DM 5,00
HAMBURGER TOAST	
Frikadelle, Ketchup, Zwiebel	DM 3,50
TOAST "FLORIDA"	
Pfirsichhälfte	DM 2,5C
APFELSTRUDEL	2,8(
m. Sahne	DM 2,2!
GEMISCHTES EIS	2,5
m. Sahne	DM 2,5
SCHOKOLADENTORTE	2,8
m. Sahne	
GETRÄNKE	DM 2,!
Kännchen Kaffee	DM 1,!
Tasse Kaffee	DM 1,
Cola	DM 1,
Limo	

 Übe den Dialog mit einem Mitschüler.

  Rollenspiel. Siehe die Speisekarte an. Du möchtest folgendes bestellen.

> **i** Rosinen = getrocknete Weintrauben
> – *(dried grapes)*
> Zimt – *cinnamon*
> Blätterteig
> – *flaky pastry*
>
> Ich zeige Ihnen. –
> *I'll show you.*
> Ich probiere . . . –
> *I'll try . . .*
> Sahne – *cream*

Rezepte

Recipes

 Kannst du Apfelstrudel machen?

Apfelstrudel Du brauchst:
1 Pfd. Äpfel   2 Eßlöffel Honig
30g Rosinen ¼ Teelöffel Zimt
Blätterteig   20g Butter

Die Äpfel schälen, das Kernhaus ausschneiden, raspeln.

Den Teig auf einem bemehlten Tuch ausrollen.

Die Butter zerlassen und den Teig damit bestreichen.

Den Teig mit den Äpfeln und Rosinen belegen.

Honig und Zimt darauf geben.

Den Strudel vorsichtig zusammenrollen.

Bei 220°C 40~45 Minuten backen.

Lecker!

Schwerte, den 18. 6.

Lieber ▢

Vielen Dank für Deinen Brief.

In zwei Wochen haben wir eine Projektwoche in der Schule und ich möchte kochen. Wir sollen was Internationales machen und ich will was Englisches machen.

Hast Du eine Idee? Was kann ich machen?

Was sind 'sausage rolls'? Wie macht man sie? Was braucht man dazu? Hackfleisch? Rindfleisch oder Schweinefleisch? Braucht man auch dazu Zwiebeln?

Kannst Du mir das Rezept aufschreiben?

Ich freue mich schon auf Deinen Besuch! Ich werde für uns kochen!!!
Kannst du Tabletten gegen Magenschmerzen mitbringen?

Tschüß,

Thomas

Can you write a reply to Thomas's letter and give him a simple recipe for sausage rolls?

Die Flaschen

Bottles

 Was haben sie gewonnen?

1 Apfelsaft	2 Rotwein	3 Rotwein	4 Limonade	5 Traubensaft	6 Fanta
7 Ketchup	8 Cola	9 Orangensaft	10 Weißwein	11 Sprudel	12 Bier
13 Milch					

Höraufgabe: Was hat Andreas gewonnen? — 70

Welche Nummer hast du?
Was hast du gewonnen?

Getränke

ein Glas Limo

eine Tasse Tee
mit Zitrone

eine Tasse
Kamillentee

eine Flasche Cola

eine Dose Fanta

ein Kännchen Kaffee

ein Glas Wasser

eine Tasse heiße
Schokolade (mit Sahne)

Du hast Durst.
Was möchtest du trinken? Was würdest du sagen?

Wie trinkst du Tee?

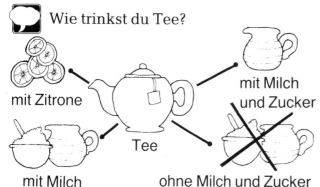
mit Zitrone

mit Milch
und Zucker

Tee

mit Milch

ohne Milch und Zucker

Memoryspiel
Wer kann für die ganze Klasse
bestellen?
Jeder sagt, der Reihe nach, was er bzw.
sie und die Vorgehenden zu trinken mag.
Bis wieviel kommt ihr?

Kannst du die Flaschen beschriften?
Höraufgabe: Was möchten sie trinken?

Snacks

 Was möchtest du essen?

This menu is outside a wooden café near a well known beauty spot overlooking the river Rhine at the Drachenfels (*the dragon rock*).

Schnitzel (Jäger oder Zigeunerart) mit Pommes Frites — 6,50

Bratwurst m. RotKraut u. Püree — 5,00

Frikadelle m. RotKraut u. Püree — 4,50

gegrillte Haxe (ca 800g) mit Sauerkraut u. Püree — 8,50

Erbseneintopf mit Wurst — 4,30

Gulasch mit Nudeln — 5,50

3 Reibekuchen m. Apfelmus — 3,00

Hamburger — 2,50

Pommes Frites : klein — 1,20
 — groß — 2,00

Kaffee und Kuchen — 2,50

Terrasse hinter dem Stand

 Can you order for yourself and your friends?

Andreas wants	Zigeunerschnitzel.
Sandra	Gulasch.
Markus	Frikadellen.
Susan	chips, lots, with ketchup.
Anthony	Schnitzel with mushrooms.
Paul	sausage and chips, if that is possible.

Joanne wants to try the potato fritters.
Martin wants chips but he only has 1.50 DM left.
Kate and Shelagh just want coffee and cakes.
. . . and you? What are you going to have?

> **i** Kraut – *cabbage*
> Frikadellen – *meat balls*
> Haxe – *pig's trotter*
> Eintopf – *stew*
> Reibekuchen – *a fritter or small pancake make with grated potato*
> Apfelmus – *apple purée*

 How much are you each going to have to pay?

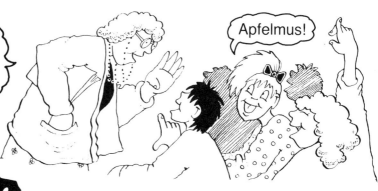

Eine Mutter hat vier Kinder und fünf Äpfel, die sie gleichmäßig auf die Kinder verteilen will. Was macht sie?

Apfelmus!

Was würden sie sagen?
Wieviel kostet das?

Traumland Park

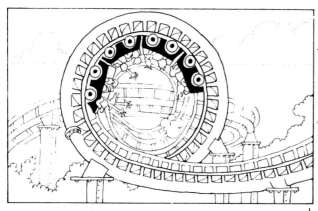

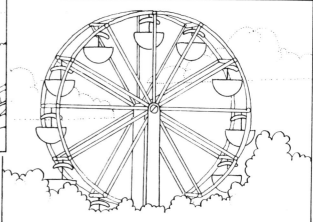

Traumland Park is an amusement park, with a big wheel, pirate ship, corkscrew, black hole and other amusements.

Höraufgabe: Was möchten sie essen?
Listen to the pupils discussing what they are going to have to eat for their lunch.

Was haben sie gegessen und getrunken?

Traumland-Park Restaurant

3 x Ochsenschwanz suppe. Brot	
1 Wienerschnitzel m. Salat	12,60
2 Bratwurst	8,40
3 Obstsalat	10,50
m. Sahne	15,60
3 Kaffee	
	5,40
	52,50

BAHNHOFSCAFÉ DB

2 Kaffee	1,70
1 Käsebrot	1,20
1 Obstkuchen	1,90
	4,80

Tagesuppe	
Wurst/Brot	2,50
Kuchen	3,40
Limo	2,80
	1,70
	10,40

1 Spaghetti	7,40
2 Rinderbraten m. Gemüse	18,60
3 Kuchen	7,50
3 Kaffee	3,60
	37,10

Sieh dir das Menü an!
Was ißt und trinkst du gern?

Arbeite mit einem Partner bzw. eine Partnerin.

1 Ihr habt Hunger.
   Zusammen habt ihr sechzehn Mark.
   Was kauft ihr euch?
2 Ihr habt dreißig Mark.
   Was kauft ihr euch jetzt?

Traumland-Park-Restaurant

Inh.: Rosemarie Westphal

4250 Bottrop 2
Kirchhellen-Feldhausen
Telefon 02045/3791

TAGESKARTE

OCHSENSCHWANZSUPPE mit Rotwein abgeschmeckt, Champignons,.........	3.75 DM
UNG. GULASCHSUPPE "Puszta Hirte", sehr scharf, dazu Brot,.........	4.00 DM
HACKSTEAK " Zigeuner Art ", Pommes Frites,.........	7.50 DM
SCHWEINSHAXE Krautsalat, Brot,.........	8.50 DM
HOLZFÄLLERSTEAK Röstkartoffel, Krautsalat,.........	10.50 DM
SCHWEINESCHNITZEL "Wiener Art", Pommes Frites,.........	12.80 DM
"Jäger Art", Kroketten,.........	14.00 DM
"Piroschka", Pommes Frites,.........	14.00 DM
SCHWEINEBRATEN mit feinem Gemüse, Salzkartoffeln,.........	13.00 DM
RINDERBRATEN mit feinem Gemüse, Salzkartoffeln, ...	14.50 DM
CURRYRAHMFLEISCH sehr pikant, Champignons, Butterreis,.........	13.50 DM
SCHWEINERÜCKENSTEAK Salatgarnitur, Pommes Frites,.........	15.50 DM
SCHWEINEFILET mit erlesenen Edelpilzen, Kroketten,.........	15.50 DM
RUMPSTEAK Röstzwiebeln, Pommes Frites,.........	18.50 DM

Alle Preise inclusiv Bedienung u. MwSt

Welche Buchstabe paßt zu welcher Nummer?

1 entrance
2 open
3 motorway
4 fruit and vegetables
5 town centre
6 stamps
7 pub
8 closed
9 youth hostel
10 station
11 hospital
12 exit
13 meat
14 early closing – Weds.
15 stationery
16 groceries
17 information
18 snacks
19 cake shop
20 the railway

a

b

c

d

GESCHLOSSEN
e

f

h

METZGEREI ZOLLER FRISCHES FLEISCH
g

AUSGANG
j

INFORMATION
k

EINGANG
i

l

SCHNELLIMBISS
m

n

q

GEÖFFNET
l

o

Schreibwaren
p

Stadtmitte
r

BAHNHOF
s

OBST und GEMÜSE
t

Kannst du die Schilder lesen?

Endtest

This the final test.

Sprachtest
Kannst du die Fragen beantworten?

Wie heißt du?

Wie schreibt man das?

Wie alt bist du?

Wann hast du Geburtstag?

Hast du Geschwister?

Wo wohnst du?

Was machst du gern in deiner Freizeit?

 Kannst du dein Haus beschreiben?

 Kannst du dein Zimmer beschreiben?

 Kannst du deinen Freund bzw. deine Freundin beschreiben?

Rollenspiel
Choose any two.

1 It is hot and sunny. You and your friend are thirsty. Look at the menu. Your friend would like a coke or a lemonade and an apple pie. You order for both of you. You have 10 DM between you.

2 Your friends are all in school this afternoon and you want to go into town. You need to know:
which bus to take,
how often it goes,
where the bus stop is,
how much it costs.
Is there anything else you would like to know? (It would be a good idea to have a paper and pencil to write down what you will need to remember.)

3. You are waiting for your pen friend to come out of school, and are being pestered by a group of younger children who are fascinated by the fact that you are a foreigner. Answer what you can and then explain, politely, that you don't understand and say where you come from.

Getränke	
1 Kännchen Tee	2,50
1 Tasse Idee-Kaffee	1,80
1 Tasse Schokolade mit Sahne	1,80
1 Kännchen Idee-Kaffee	2,80
1 Kännchen Schokolade mit Sahne	2,80
Kalte Getränke, alkoholfrei	
1 Fl. Cocoa-Cola	2,00
1 Fl. Fanta	2,00

Torten	
Nußsahne-Torte	3,00
Schwarzwälder Sahne-Torte	3,00
Schokoladentorte	3,00
gem. Obsttorte	2,50
Apfeltorte	2,50
Sauerkirschtorte	2,50

Endpreise, einschl.
Bedienungsgeld und Mehrwertsteuer

Kannst du die Fragen beantworten?  72

Grammatik ▪ Grammar Summary

This short summary contains only the most important grammar points in the course so far. It will help you to remember the word patterns you have seen, and you can use it to look up points you are not sure of.

Nouns

In German nouns (called 'Hauptwörter') are always written with a capital letter. For example:

Hund *dog*   Katze *cat*   Tisch *table*
Haus *house*   Stuhl *chair*   Buch *book*

All nouns in German are masculine (Maskulinum), feminine (Femininum) or neuter (Neutrum). For example:

Maskulinum	Femininum	Neutrum
Vater	Mutter	Baby
Hund	Katze	Buch
Stuhl	Tube	Haus

Articles and Possessives

	Maskulinum	Femininum	Neutrum
The word for *'the'* (the definite article) is:	der	die	das
For example:	der Hund	die Katze	das Buch
The word for *'a'* (the indefinite article) is:	ein	eine	ein
The word for *'my'* is:	mein	meine	mein
The word for *'your'* is:	dein	deine	dein
The word for *'his'* is:	sein	seine	sein
The word for *'her'* is:	ihr	ihre	ihr
The word for *'not a'* is:	kein	keine	kein

After some words such as *'have'*, *'need'*, *'like'* (these words are verbs – see the next page) the masculine form of all these words changes. So:

der	*becomes*	den	sein	*becomes*	seinen
ein		einen	ihr		ihren
mein		meinen	kein		keinen
dein		deinen			

For example:

der Hund	*but*	Ich habe den Hund.
ein Bruder	*but*	Ich habe einen Bruder.
mein Löffel	*but*	Ich brauche meinen Löffel.
der Apfelstrudel	*but*	Ich möchte den Apfelstrudel.

But the feminine and neuter forms stay the same.

The plural form (Mehrzahl) of all these words is the same as the feminine singular form, whether the noun they go with is masculine, feminine or neuter. For example:

die Hunde, die Katzen, die Bücher
meine Hunde, meine Katzen, meine Bücher
deine Hunde, deine Katzen, deine Bücher

The indefinite article 'ein' has no plural, of course.

Zum and zur

'Zu' means *'to'*. For example:

Ich gehe zu Bett. *I'm going to bed.*

'Zum' and 'zur' both mean *'to the'*, but you use 'zum' with masculine and neuter nouns, and 'zur' with feminine ones. For example:

	Maskulinum	**Femininum**	**Neutrum**
Ich gehe	zum Bahnhof	zur Post	zum Schwimmbad
Jan kommt mit	zum Campingplatz	zur Apotheke	zum Jugendklub

Verbs

Verbs or doing words are called 'Verben' or 'Tuwörter' in German. The basic form of the verb (the infinitive) ends in '-en' in German. For example:

machen	*to do or make*	trinken	*to drink*
schwimmen	*to swim*	essen	*to eat*
gehen	*to go*	wissen	*to know*

(An exception to this is 'sein', *'to be'* – see the next page.)

There are two types of verbs in German: weak and strong verbs. Weak verbs are mostly regular (that is, they all follow a regular pattern). Strong verbs are irregular (that is, they do not follow a regular pattern and have to be learnt individually).

Regular verbs – present tense

Example:
machen *to do* or *make*

	Singular			Plural	
	I do	ich mach**e**		*we do*	wir mach**en**
	you do	du mach**st**		*you do*	ihr mach**t**
	he	er		*they do*	sie mach**en**
	she } *does*	sie } mach**t**			
	it	es			

(polite form) you do Sie mach**en**

So the regular endings are:

1st person	**e**	**en**
2nd person	**st**	**t**
3rd person	**t**	**en**
polite form		**en**

Irregular verbs – present tense

These verbs follow the same general pattern as the regular verbs, but sometimes they change in the 2nd and 3rd person singular (the 'du' and 'er/sie/es' forms).

Example:
essen *to eat*

I eat	ich esse		*we eat*	wir essen
you eat	du i**β**t		*you eat*	ihr e**β**t
he eats	er i**β**t		*they eat*	sie essen

(polite form) you eat Sie essen

Example:
fahren *to go or travel*

I go	ich fahre		*we go*	wir fahren
you go	du **fährst**		*you go*	ihr fahrt
he goes	er **fährt**		*they go*	sie fahren

(polite form) you go Sie fahren

Occasionally these verbs change in the 1st person singular as well.

Example:
müssen *to have to*

I must	ich **muβ**		*we must*	wir müssen
you must	du **muβt**		*you must*	ihr müβt
he must	er **muβ**		*they must*	sie müssen

(polite form) you must Sie müssen

Example:
können *to be able to*

I can	ich **kann**		*we can*	wir können
you can	du **kannst**		*you can*	ihr könnt
he can	er **kann**		*they can*	sie können

(polite form) you can Sie können

Du, ihr and Sie

These all mean 'you'. Which should you use when?

Use 'du' when talking to one child or one person who is a close friend or relation – or when talking to an animal.

Use 'ihr' when talking to more than one child or people who are close friends or relations – or to animals.

Use 'Sie' when talking to an adult (or more than one adult) who is not a close friend or relation.

The verbs 'to be' and 'to have'

These verbs are special. They are probably the commonest verbs in German and they are more irregular than most. Here are their present tenses:

sein *to be*	*I am*	ich bin	*we are*	wir sind
	you are	du bist	*you are*	ihr seid
	he is	er ist	*they are*	sie sind
	(polite form) you are	Sie sind		

haben *to have*	*I have*	ich habe	*we have*	wir haben
	you have	du hast	*you have*	ihr habt
	he has	er hat	*they have*	sie haben
	(polite form) you have	Sie haben		

Wortliste ▪ Wordlist

This wordlist includes all the most important words you have met
in the course. We have given the article (der/die/das) with most
nouns to show their gender, and we have given the plural in
brackets where you are likely to want to use it (*pl = plural*).

der	Abend	*evening*
das	Abendbrot	*supper*
das	Abendessen	*evening meal*
	ab und zu	*from time to time*
der	Absender	*sender*
	acht	*eight*
	achtzehn	*eighteen*
	achtzig	*eighty*
die	Adresse	*address*
	adressieren	*to address*
	alle	*all*
	alles	*everything*
das	Alphabet	*alphabet*
	alt	*old*
	älter	*older*
das	Alter	*age*
	am	*on the*
die	Ampel	*traffic lights*
	an	*on*
die	Ananas	*pineapple*
der	Anfangsbuch-stabe	*first letter*
	anmalen	*to colour in*
die	Anschrift	*address*
	anstrengend	*exhausting*
	antworten	*to answer*
der	Apfel (*pl* Äpfel)	*apple*
die	Apfelsine (*pl* Apfelsinen)	*orange*
die	Apotheke	*chemist's*
die	Aprikose (*pl* Aprikosen)	*apricot*
	April	*April*
	arbeiten	*to work*
das	Arbeitsbuch	*workbook*
	auf	*on (top of)*
der	Aufkleber	*sticker*
die	Auflauf	*baked dish/souffle*
die	Auflaufform	*ovenproof dish*
	aufräumen	*to tidy up*
	aufschlagen	*to beat (in cookery)*

der	Aufschnitt	*sliced meat*
	aufschreiben	*to write down*
	aufstehen	*to get up*
auf	Wiedersehen	*goodbye*
das	Auge (*pl* Augen)	*eye*
	August	*August*
	ausfetten	*to grease (in cookery)*
	ausfüllen	*to fill in/complete*
der	Ausgang	*exit*
das	Auskunftsbüro	*information office*
	ausschneiden	*to cut out*
	aussehen	*to look (like)*
	wie siehst du aus?	*what do you look like?*
	Australien	*Australia*
	australisch	*Australian*
die	Autobahn	*motorway*
der	Automechaniker	*car mechanic*
das	Baby	*baby*
	backen	*to bake/cook*
die	Bäckerei	*baker's*
der	Backofen	*oven*
das	Badezimmer	*bathroom*
die	Bahn	*railway*
der	Bahnhof	*station*
	bald	*soon*
der	Balkon	*balcony*
der/die	Bankangestellte	*bank clerk*
	basteln	*to make it yourself (handicraft)*
der	Bauernhof	*farm house*
	bayerisch	*Bavarian*
	Bayern	*Bavaria (a part of South Germany)*
	beantworten	*to answer (question)*
der	Becher	*beaker/mug*
sich	befinden	*to be located*

	begrüßen	*to say hello*	
	bei	*near*	
das	Bein (*pl* Beine)	*leg*	
das	Beispiel	*example*	
zum	Beispiel	*for example*	
	Belgien	*Belgium*	
das	Benzin	*petrol*	
	bereiten	*to prepare*	
	beschreiben	*to describe*	
	beschriften	*to label*	
	besetzt	*occupied (toilet)*	
	besonders	*especially*	
	bestellen	*to order*	
	bestreuen	*to sprinkle*	
der	Besuch	*visit*	
	besuchen	*to visit*	
die	Bettwäsche	*bed linen*	
	bewölkt	*cloudy*	
das	Bild (*pl* Bilder)	*picture*	
	bilden	*to form/construct*	
	billiger	*cheaper*	
	bin (sein)	*(I) am*	
die	Birne (*pl* Birnen)	*pear*	
	bis zu	*as far as*	
	bist (sein)	*(you) are*	
	bitte	*please/please don't mention it*	
der	Blätterteig	*flaky pastry*	
	blau	*blue*	
der	Bleistift (*pl*-stifte)	*pencil*	
	blond	*blond*	
die	Bockwurst	*a type of sausage*	
der	Boden	*floor*	
das	Bogenschießen	*archery*	
die	Bohne (*pl* Bohnen)	*bean*	
der	Bonbon (*pl* Bonbons)	*sweet*	
	Botanischer Garten	*Botanical gardens*	
die	Bratkartoffeln (*pl*)	*roast potatoes*	
die	Bratwurst	*sausage (fried)*	
	brauchen	*to need*	
	braun	*brown*	
die	Brieffreundin	*pen friend (girl)*	
der	Brieffreund	*pen friend (boy)*	
der	Brief (*pl* Briefe)	*letter*	
die	Briefmarke (*pl* -marken)	*postage stamp*	

die	Brille	*spectacles*
	bringen	*to bring/take (with you)*
das	Brot	*bread/loaf*
das	Brötchen	*roll*
die	Brücke	*bridge*
der	Bruder (*pl* Brüder)	*brother*
das	Buch (*pl* Bücher)	*book*
der	Buchstabe (*pl* Buchstaben)	*letter (of alphabet)*
	buchstabieren	*to spell*
das	Bücherregal	*bookcase*
die	Bundesbahn	*(state) railway*
das	Büro	*office/study*
der	Bus	*bus/coach*
die	Butter	*butter*
das	Butterbrot	*slice of bread and butter*
	bzw. (beziehungsweise)	*respectively*
	campen	*to camp*
der	Campingplatz	*camp site*
die	Chips (*pl*)	*crisps*
der	Dackel	*dachshund*
	daneben	*beside/missed (in games)*
	Dänemark	*Denmark*
	danken	*to thank*
	danke schön	*thank you*
	das	*the (neuter)/that*
	dazu	*with it*
	dein	*your*
	der	*the (masculine)*
	deutsch	*German*
	Deutschland	*Germany*
	Dezember	*December*
der	Dialog (*pl* Dialoge)	*dialogue*
	dick	*fat*
	die	*the (feminine)*
	Dienstag	*Tuesday*
das	Ding (*pl* Dinge)	*thing*
die	Disco (*pl* Discos)	*disco*
	Donnerstag	*Thursday*
	dort	*there*
die	Dose	*tin/can*
	dran	

	du bist dran	it's your turn
	draußen	outside
	drei	three
	dreißig	thirty
	dreizehn	thirteen
	du	you
	dumm	stupid
	dunkelblond	dark blond
	dunkelbraun	dark brown
	durcheinander	mixed up
	Durst haben	to be thirsty
die	Dusche	shower
das	Ei (pl Eier)	egg
	ein/eine	a/one
das	Einfamilienhaus	detached house
der	Eingang	entrance
die	Eingangstür	entrance door
der	Einkaufswagen	shopping trolley
der	Einkaufszettel	shopping list
	einladen	to invite
	eins	one
die	Einzahl	singular
das	Einzelkind	only child
das	Eis	ice cream/ice
das	Eiscafé	ice cream parlour
	eiskalt	ice cold
	elektrisch	electric
	elf	eleven
	englisch	English
	entlang	along
	entschuldigen	excuse me
	Sie bitte	please
	Entschuldigung	excuse me
	er	he
die	Erbse (pl Erbsen)	pea
die	Erdbeere (pl -beeren)	strawberry
das	Erdbeereis	strawberry ice cream
das	Erdgeschoß	ground floor
	erfahren	to find out
die	Ergebnisse (pl)	results
	sich erkälten	to catch cold
	erklären	to explain
das	Erntedankfest	Harvest Festival
	erst	first/only
	erzählen	to tell/narrate
	es	it
die	Eßecke	dining area
	essen	to eat
das	Essen	food
das	Eßzimmer	dining room
das	Etagenbett	bunk bed
das	Etui	pencil case
	euch	you (pl)
	euer	your (pl)
	fahren (du fährst)	to go/travel/ride (bike)
die	Fahrkarte (pl Fahrkarten)	ticket
der	Fahrplan	timetable
	falsch	wrong/incorrect
die	Familie	family
die	Farbe (pl Farben)	colour
der	Farbstift (pl -stifte)	coloured pencil
	fast	nearly
die	Fastnacht	Shrove Tuesday
	faul	lazy
das	Faulenzen	lazing about
	Februar	February
der	Federball	badminton
	fehlen	to be missing
der	Feiertag (pl -tage)	special day/ holiday
das	Fenster	window
die	Ferien (pl)	holidays
	fernsehen	to watch TV
	ich sehe fern	I watch TV
der	Fernseher	television
	fertig	ready/finished
	fest	firm
	feucht	damp/moist
die	Feuerwehr	fire service
das	Fieber	fever/ temperature
der	Filzstift (pl -stifte)	felt tip (pen)
	finden	to find
die	Fischstäbchen (pl)	fish fingers
der	Fisch (pl Fische)	fish
die	Flasche (pl Flaschen)	bottle
das	Fleisch	meat
der	Flughafen	airport

das	Formular (*pl* Formulare)	form
das	Foto (*pl* Fotos)	photograph
die	Frage (*pl* Fragen)	question
	Frankreich	France
die	Frau	lady/Mrs
das	Fräulein	young lady/Miss
	Fräulein!	waitress!
	frei	free/vacant (toilet)
das	Freibad	open-air swimming pool
	Freitag	Friday
die	Freizeit	free time/leisure
der	Freund (*pl* Freunde)	friend (boy)
die	Freundin (*pl* Freundinnen)	friend (girl)
	frieren	to freeze
der	Friseur	hairdresser
das	Frühstück	breakfast
	fünf	five
	fünfzehn	fifteen
	fünfzig	fifty
der	Fuß (*pl* Füße)	foot
	zu Fuß	on foot
der	Fußball	football
die	Fußgängerzone	pedestrian area
die	Gabel	fork
	ganz	quite
	gar nicht	not at all
die	Gardine (*pl* Gardinen)	curtain
der	Garten	garden
der	Gasthof	restaurant/pub
die	Gaststätte (*pl* -stätten)	restaurant/pub
das	Gebäude (*pl* Gebäude)	building
	geben (du gibst)	to give
	gebrochen	broken
der	Geburtstag	birthday
	gefroren	frozen
	gegen	for/against/about (time)
der	Gegenstand (*pl* -stände)	object/thing
	gegenüber	opposite

	gegessen	eaten
	gehen	to go
	wie geht's/wie geht es Ihnen?	how are you?
das	geht	that's OK
das	geht nicht	that's not possible
	gehören	to belong to
	gelb	yellow
das	Gemüse	vegetables
das	Gemüsegeschäft	greengrocer's
	genau	exactly
	geradeaus	straight ahead
das	Gerät	device/tool/thing
das	Geschäft (*pl* Geschäfte)	shop
	geschlossen	closed
der	Geschmack	taste
	geschmeckt hat es geschmeckt?	did it taste good?/did you enjoy it?
die	Geschwister (*pl*)	brothers and sisters
	gesund	healthy
	getigert	tabby/like a tiger
	getroffen	hit (in games)
	gewinnen	to win
das	Gewitter	storm
	gibst (geben)	(you) give
	gibt (geben)	(he) gives
es	gibt	there is/there are
	gießen	to pour
die	Gitarre	guitar
das	Glas	glass/jar
	glatt	smooth/slippery
der	Goldfisch (*pl* -fische)	goldfish
	Grad	degree(s)
	gratulieren	to congratulate
	grau	grey
	groß	big/tall
	Großbritannien	Great Britain
die	Großeltern (*pl*)	grandparents
	grün	green
	gucken	to look/watch (TV)
das	Gulasch	goulash
die	Gummibärchen (*pl*)	jelly bears (sweets)

die	Gurke (*pl* Gurken)	*gherkin/ cucumber*
	gut	*good/well*
	gute Besserung	*get well soon*
das	Haar (*pl* Haare)	*hair*
	haben (du hast)	*to have*
	habt (haben)	*(you) have (pl)*
das	Hähnchen	*chicken*
	halb	*half*
	halb zwei	*half past one*
das	Hallenbad	*indoor swimming pool*
die	Halsschmerzen (*pl*)	*sore throat*
die	Haltestelle	*(bus/tram) stop*
das	Hammelfleisch	*mutton*
das	Handrührgerät	*hand mixer*
	häßlich	*ugly*
	hast (haben)	*(you) have*
	hat (haben)	*(he) has*
die	Hauptstraße	*main street*
das	Haus (*pl* Häuser)	*house*
die	Hausaufgabe (*pl* -aufgaben)	*homework*
das	Haustier (*pl* -tiere)	*pet*
	heiß	*hot*
	heißen	*to be called*
	ich heiße	*I am called*
	helfen	*to help*
	herausfinden	*to find out*
der	Herbergsvater	*youth hostel warden*
der	Herr	*man/Mr*
	Herr Ober!	*waiter!*
	herrlich	*wonderful*
	herzliche Grüße	*best wishes*
das	Herzchen	*little heart*
	heute	*today*
	hier	*here*
die	Himbeere (*pl* -beeren)	*rasberry*
	hinein	*in/into*
die	Hitze	*heat*
das	Hochhaus	*the multi-storey block/block of flats*
	Holland	*Holland*
der	Honig	*honey*

die	Höraufgabe	*listening exercise*
	hören	*to listen to/hear*
die	Hühnerbrühe	*chicken broth*
der	Hund (*pl* Hunde)	*dog*
	hundert	*a hundred*
	Hunger haben	*to be hungry*
der	Hustenbonbon (*pl* -bonbons)	*cough sweet*
die	Hustentropfen (*pl*)	*cough drops*
	ihn	*him*
	ihr	*her/you (pl)*
der	Imbiß	*the snack*
	im	*in the*
	immer	*always*
	in	*in/into/to*
der	Ingenieur	*engineer*
	ins	*into the/to the*
sich	interessieren für	*to be interested in*
	Irland	*Ireland*
	ist (sein)	*(he) is*
	Italien	*Italy*
	ja	*yes*
das	Jahr (*pl* Jahre)	*year*
	Januar	*January*
	jetzt	*now*
die	Jugendherberge	*youth hostel*
der	Jugendklub	*youth club*
das	Jugendzentrum	*youth centre*
	Juli	*July*
der	Junge (*pl* Jungen)	*boy*
	jünger	*younger*
	Juni	*June*
der	Kaffee	*coffee*
der	Kalender	*calendar*
	kalt	*cold*
der	Kamillentee	*camomile tea*
der	Kanarienvogel (*pl* -vögel)	*canary*
das	Kaninchen (*pl* Kaninchen)	*rabbit*
	kann (können)	*(I/he) can*
die	Kanne	*pot*
	kannst (können)	*(you) can*
	kaputt	*broken*
	Karfreitag	*Good Friday*

	Karotte (*pl* Karotten)	carrot
die	Karte (*pl* Karten)	card
die	Kartoffel (*pl* Kartoffeln)	potato
der	Käse	cheese
der	Käsekuchen	cheese cake
die	Kasse	cash desk/till
die	Kathedrale	cathedral
die	Katze (*pl* Katzen)	cat
	kaufen	to buy
das	Kaufhaus	department store
der	Kaugummi	chewing gum
	kein	not a/no
die	Kekse (*pl*)	biscuits
	kennen	to know (person/place)
die	Kirche	church
die	Kirmes	fair
die	Kirsche (*pl* Kirschen)	cherry
das	Kissen (*pl* Kissen)	cushion
die	Klasse	class
das	Klavier	piano
der	Klebstoff	glue
der	Kleiderschrank	wardrobe
	klein	small/short
das	Klettern	climbing
das	Klo	loo/toilet
die	Klöße (*pl*)	dumplings
die	Kneipe (*pl* Kneipen)	pub
das	Knie	knee
der	Knoblauch	garlic
	kochen	to cook
der	Kohl	cabbage
die	Kommode	chest of drawers
	kommen	to come/get (to)
die	Konditorei	cake shop
	können (du kannst)	to be able to
der	Kopf	head
der	Kopfsalat	lettuce
die	Kopfschmerzen (*pl*)	headache
der	Krach	noise
	krank	ill
das	Krankenhaus	hospital
die	Kreuzung	crossroads
die	Küche	kitchen

der	Kuchen	cake
der	Küchenschrank	kitchen cupboard
der	Kühlschrank	fridge
der	Kuli (*pl* Kulis)	biro
	kurz	short
	langsamer	slower
	laufen	to run
das	Laufen	running
	lautlesen	to read aloud
die	Lebensmittel (*pl*)	groceries
das	Lebensmittelgeschäft	grocer's
die	Leberwurst	liver sausage
	lecker	delicious
der	Lehrer	teacher (man)
die	Lehrerin	teacher (woman)
die	Leichtathletik	light athletics
	leid	
	(es) tut mir leid	I'm sorry
	leiden	to stand
	ich kann ihn nicht leiden	I can't stand him
	lernen	to learn
	lesen (du liest)	to read
	lieb	sweet/nice
	Liebe	Dear (writing to a girl)
	Lieber	Dear (writing to a boy)
	Lieblings...	favourite
	liegen	to lie/be placed
	liest (lesen)	(you) read
das	Lineal	ruler
die	Linie	line/(bus) route
	links	left/on the left
die	Liste	list
das	Liter	litre
die	Locken (*pl*)	curls
	lockig	curly
der	Löffel	spoon
	los	
	was ist los?	what's wrong?
die	Lücke (*pl* Lücken)	gap
	machen	to make/do
das	Mädchen (*pl* Mädchen)	girl

mag (mögen)	(I) like/(he) likes
der Magen	stomach
die Magenschmerz-en (pl)	stomach ache
magst (mögen)	(you) like
die Mahlzeiten (pl)	mealtimes
Mai	May
man	one/you
die Mannschaft	team
Maria Himmelfahrt	Assumption day
der Marktplatz	market place
März	March
die Maus (pl Mäuse)	mouse
das Meerschwein-chen (pl same)	guinea pig
das Mehl	flour
mehrere	several
die Mehrzahl	plural
mein	my
meistens	mostly
das Messer	knife
die Metzgerei	butcher's
die Milch	milk
mit	with/by (bus etc)
mitkommen	to come (with someone)
ich komme mit	I'm coming
der Mitschüler	fellow pupil (boy)
die Mitschülerin	fellow pupil (girl)
der Mitspieler	player
mittag	midday
das Mittagessen	lunch
die Mitte	middle
das Mittel	medicine
Mittwoch	Wednesday
die Möbel (pl)	furniture
möchte	(I) would like
möchtest	(you) would like
mögen (ich mag)	to like
möglich	possible
die Möhre (pl Möhren)	carrot
mokka	coffee flavoured
mollig	cosy/plump
Montag	Monday
der Morgen	morning
morgen	tomorrow
die Münze (pl Münzen)	coin
muß (müssen)	(I) must
die Mutter	mother
nach	
nach Deutschland	to Germany
nach der Schule	after school
fünf nach neun	five past nine
die Nachbarklasse	neighbour class
der Nachmittag	afternoon
der Nachname	surname
wie heißt du mit Nachnamen?	what's your surname?
nächste	next
die Nacht	night
der Nachtisch	dessert
die Nähe	
in der Nähe (von)	near
der Name (pl Namen)	name
der Nebel	fog
nebelig	foggy
neben	next to
nehmen (du nimmst)	to take
nein	no
nennen	to name/call
neun	nine
neunzehn	nineteen
neunzig	ninety
nicht	not
nichts	nothing
nie	never
nimmst (nehmen)	(you) take
noch	yet/still
sonst noch etwas?	anything else?
November	November
die Nudeln (pl)	noodles
nur	only
nützlich	useful
das Obst	fruit
die Ochsenschwanz-suppe	oxtail soup
oder	or

	offen	*open*		Quark	*a cream cheese*
	ohne	*without*			*made from curds*
	Oktober	*October*			
die	Oma	*granny*	das	Rad	*bike*
der	Opa	*grandpa*		Radfahren	*to ride a bike*
der/				ich fahre Rad	*I ride a bike*
das	Ortsteil	*part (of a town)*	der	Radiergummi	*eraser*
	Ostern	*Easter*	das	Radio	*radio*
	Österreich	*Austria*		raspeln	*to grate*
				raten	*to guess*
die	Packung	*packet/pack*	das	Rathaus	*town hall*
das	Paket	*packet*		rechts	*right/on the right*
der	Papagei	*parrot*	die	Redewendungen	*expressions*
das	Papier	*paper*		(*pl*)	
die	Pappe	*cardboard*	das	Regal (*pl*	*shelf*
der	Parkplatz	*car park*		Regale)	
die	Pause	*break (at school)*		regnen	*to rain*
die	Pfanne	*(frying) pan*		es regnet	*it's raining*
der	Pfannenwender	*fish slice*		reichen	*to pass (at table)/*
der	Pfeffer	*pepper*			*to be enough*
das	Pferd	*horse*	die	Reihe	*row*
	Pfingstsonntag	*Whit Sunday*	der	Reihe nach	*in turn*
der	Pfirsich (*pl*	*peach*	das	Reihenhaus	*terraced house*
	Pfirsiche)		der	Reis	*rice*
das	Pflaster	*plaster*		reiten	*to ride (horse)*
die	Pflaume (*pl*	*plum*		relativ	*fairly*
	Pflaumen)		der	Rhein	*Rhine*
das	Pfund	*pound (500 g)*		richtig	*right/correct*
der	Pilz (*pl* Pilze)	*mushroom*	das	Rindfleisch	*beef*
	pinkeln	*to go to the*		Rollschuhlaufen	*to roller skate*
		toilet/have a wee		ich laufe	*I roller skate*
die	Pistazie	*pistachio*		Rollschuh	
der	Plan (*pl* Pläne)	*plan*	die	Rosinen (*pl*)	*raisins*
die	Platte (*pl* Platten)	*record*		rot	*red*
der	Plattenspieler	*record player*		rotblond	*red/ginger (hair)*
das	Plätzchen (*pl*	*biscuit*	das	Rotkraut	*red cabbage*
	Plätzchen)		der	Rücken	*back*
	Polen	*Poland*	die	Rückenschmerz-	*backache*
die	Polizeiwache	*police station*		en (*pl*)	
der	Polizist	*policeman*		ruhig	*quiet*
das	Portemonnaie	*purse*	das	Rührei	*scrambled egg*
das	Postamt	*post office*		rühren	*to stir*
die	Postkarte	*postcard*	die	Rumpelkammer	*box room*
die	Postleitzahl	*post code*			
	prima!	*super!*	der	Saft	*juice*
die	Prise Salz	*pinch of salt*		sagen	*to say*
	probieren	*to try*	die	Sahne	*cream*
der	Pudel (*pl* Pudel)	*poodle*	der	Salat	*lettuce/salad*
der	Pudding	*custard*	die	Salbe	*ointment*
das	Puppenhaus	*doll's house*	das	Salz	*salt*

die	Salzkartoffeln (pl)	boiled potatoes
	sammeln (ich sammle)	to collect
die	Sammlung	collection
	Samstag	Saturday
	satt	satisfied
	ich bin satt	I'm full
	sauer	sour
das	Sauerkraut	pickled cabbage
das	Schach	chess
die	Schachtel	box
	Schade!	What a pity!
der	Schäferhund	German shepherd dog/ alsatian
	schälen	to peel
	scharf	sharp/hot
die	Scheibe (pl Scheiben)	slice
der	Schein (pl Scheine)	banknote
	scheinen	to shine
die	Schere	scissors
das	Schild (pl Schilder)	sign
die	Schildkröte (pl -kröten)	tortoise
der	Schinken	ham
	schlafen	to sleep
das	Schlafzimmer	bedroom
	schlank	thin
	Schlittschuhlaufen	to ice skate
	ich laufe Schlittschuh	I ice skate
der	Schnee	snow
der	Schneebesen	egg whisk
der	Schneemann	snowman
der	Schneeschauer	snow shower
	scheien	to snow
	es schneit	it's snowing
die	Schnellbahn	suburban railway
der	Schnellimbiß	snack bar/fast food place
der	Schnittlauch	chives
das	Schnitzel	schnitzel/veal cutlet
der	Schnupfen	a cold
die	Schokolade	chocolate

	schön	nice/pretty/fine (weather)
	Schottland	Scotland
der	Schrank	cupboard
	schreiben	to write
der	Schreibtisch	writing table/ desk
die	Schreibwaren (pl)	writing materials/ stationery
die	Schublade	drawer
die	Schularbeiten (pl)	school work
die	Schule	school
der	Schüler	pupil (boy)
die	Schülerin	pupil (girl)
der	Schulhof	school yard
die	Schulmappe	school bag
der	Schulweg	the way to school
der	Schüssel	bowl
	schwarz	black
der	Schweinebraten	roast pork
die	Schweiz	Switzerland
	schweizer	Swiss
die	Schwester (pl Schwestern)	sister
das	Schwimmbad	swimming pool
	schwimmen	to swim
	sechs	six
	sechzehn	sixteen
	sechzig	sixty
die	Seekrankheit	seasickness
das	Segeln	sailing
	sehr	very
	seid (sein)	(you) are (pl)
	sein	his
	sein	to be
die	Seite (pl Seiten)	page/side
die	Selbstbedienung	self-service
der	Senf	mustard
	September	September
der	Sessel	armchair
die	Sichtweite	visibility
	sie	she
	Sie	you (polite)
	sieben	seven
	siebzehn	seventeen
	siebzig	seventy
	sieht aus (aussehen)	(he) looks (like)
	Silvester	New Year's Eve

sind (sein)	(you/they) are
das Skilaufen	skiing
Skilaufen	to ski
ich laufe Ski	I ski
der Sommer	Summer
die Sommersprossen (pl)	freckles
Sonnabend	Saturday
die Sonne	sun
der Sonnenbrand	sunburn
sonnig	sunny
sonst	else
Sonntag	Sunday
die Soße	sauce/gravy
Spanien	Spain
die Spalte	column
sparen	to save
die Spargelkrem-suppe	cream of asparagus soup
die Sparkasse	bank
der Sparschwein	money box/piggy bank
der Spaß	fun
spät	late
wie spät ist es?	what time is it?
der Speck	bacon
die Speisekarte	menu
das Spiegelei	fried egg
das Spiel	game
spielen	to play
der Spielplatz	playground
die Springform	spring mould
der Spitzname	nickname
die Sportart (pl -arten)	(type of) sport
der Sportverein	sports club
die Sprechblasen (pl)	speech bubbles
der Sprudel	mineral water/fizzy drink
die Spülmaschine	dishwasher
stabil	well built
die Stadt	town
der Stadtplan	town plan
stark	strong
stehen	to stand
stellen	to put
die Stereoanlage	hi-fi system
das Sternzeichen (pl same)	star sign
die Stiefmutter	stepmother
der Stiefvater	stepfather
stimmen	to be right
das stimmt	that's right
der Stock	floor/storey
die Straße	street/road
die Streichhölzer (pl)	matches
die Streifenkarte	multiple journey ticket
streiten	to quarrel
die Stufe	step/gas regulo
der Stuhl (pl Stühle)	chair
die Stunde	hour/lesson
das Suchbild (pl -bilder	puzzle picture
suchen	to look for
der Supermarkt	supermarket
die Suppe	soup
süß	sweet
die Tablette (pl Tabletten)	pill/tablet
der Tag (pl Tage)	day
das Tagebuch	diary
die Tankstelle	petrol station
die Tagesuppe	soup of the day
tanzen	to dance
die Tasse	cup
das Tassenregal	kitchen dresser
der Teddybär	teddy bear
der Tee	tea
der Teebeutel (pl same)	tea bag
die Teewurst	sausage for spreading/liver sausage
der Teig	dough
teilen	to share
das Telefongespräch	telephone conversation
die Telefonnummer	telephone number
der Teller	plate
das Tennis	tennis
der Teppich	carpet
die Terrasse	terrace
das Theater	theatre
das Tier (pl Tiere)	animal
die Tierhandlung	pet shop

der Tisch	table
das Tischtennis	table tennis
die Toilette (pl Toiletten)	toilet
toll!	super!
die Tomate (pl Tomaten)	tomato
die Torte	tart/flan/cake
tragen	to wear
die Traube (pl Trauben)	grape
treiben	to do (sport)
trinken	to drink
trübe	overcast
Tschüß/Tschüs	'bye
die Tube	tube
das Tuch	cloth
tun	to do
die Tür	door
das Turnen	gymnastics
die Tüte	(paper) bag
übel	sick
mir ist übel	I feel sick
üben	to practise
über	over/across
übergießen	to pour over
die Uhr	time/clock/watch
wievel Uhr ist es?	what time is it?
um	at (time)
die Umfrage	survey
der Umschlag	envelope
umwenden	to turn over
und	and
unentschlossen	undecided/uncertain
ungarisch	Hungarian
unheimlich	incredibly/really
uns	us
unser	our
die Untergrundbahn (U-bahn)	underground (railway)
unterscheidet sich von	is different from
die Untertasse	saucer
der Urlaub	holidays
usw. (und so weiter)	etc./and so on

der Vater	father
verabschieden	to say goodbye
vergessen (du vergißt)	to forget
der Vegetarier	vegetarian (male)
die Vegetarierin	vegetarian (female)
das Verkehrsamt	tourist office
verlassen	to leave
vermischen	to mix
verquirlen	to stir
verschönen	to decorate
verschlüsseln	to code
viel/viele	much/many/a lot (of)
vielen Dank	thank you very much
vier	four
viertel	quarter
viertel vor zwei	a quarter to two
vierzehn	fourteen
vierzig	forty
der Vogel (pl Vögel)	bird
der Vogelkäfig	birdcage
der Völkerball	a team ball game
voll	full/drunk
vom	from the
von	from
vor	
vor der Schule	before school
vor dem Haus	in front of the house
fünf vor acht	five to eight
der Vorhang (pl Vorhänge)	curtain
vorheizen	to heat before using
der Vorname (pl Vornamen)	first name
sich vorstellen	to introduce oneself
ich stelle mich vor	I introduce myself
der Vorwahlnummer	telephone code
die Waffel (pl Waffeln)	waffle
wählen	to choose

das	Wandern	walking/hiking
der	Wandschrank	wall cupboard
	wann?	when?
	warm	warm
	wärmer	warmer
	was?	what?
	was für?	what kind of?
die	Waschmaschine	washing machine
das	Waschpulver	washing powder
das	Wasser	water
	wechselhaft	changeable
der	Weg	path/way
	weh	
	es tut weh	it hurts
die	Weihnachtstage (pl)	Christmas Day and Boxing Day
	weil	because
der	Wein	wine
	weiß	white
	weiß (wissen)	(I) know
	weit	far
	welche/welcher /welches?	which?
der	Wellensittich (pl -sittiche)	budgerigar
	wer?	who?
das	Wetter	weather
	wie?	how?
	wie lange?	how long?
	wieder	again
	Wiener	Viennese
	wieviel?/ wieviele?	how much?/how many?
der	Wind	wind
	windig	windy
	wird (werden)	(he) will
	wirklich	really/actually
	wissen (ich weiß)	to know (a fact)
	wo?	where?
der	Wochentag	day of the week
	woher?/wohin?	where from/ where to?
	wohl	well (healthy)
	wohnen	to live
der	Wohnort	domicile/place where you live
die	Wohnsiedlung	housing estate
die	Wohnung	apartment/flat
das	Wohnzimmer	living room

	wolkig	cloudy
das	Wort (pl Worte/ Wörter)	word
	wünschen	to wish
	würde/würden/ würdest	(he/they/you) would
	würfeln	to play dice/ to cut into small cubes
die	Wurst	sausage
die	Wurstbude	sausage stall
	würzen	to season (with herbs or spices)
die	Zahl (pl Zahlen)	number/numeral
	zahlen, bitte	bill, please
der	Zahn (pl Zähne)	tooth
die	Zahnschmerzen (pl)	toothache
	zeichnen	to draw
die	Zeit	time
die	Zeitschrift (pl -schriften)	magazine
	ziemlich	rather
das	Zimmer	room
der	Zimt	cinnamon
die	Zitrone (pl Zitronen)	lemon
	zu	to
der	Zucker	sugar
	zum/zur	to the
	zusammen	together/ between you
die	Zutaten (pl)	ingredients
	zwei	two
das	Zweifamilien- haus	semi-detached house/two- family house
die	Zwiebel (pl Zwiebeln)	onion
	zwölf	twelve